Liderazgo en la Dirección Comercial

Técnica más talento igual a triunfo

T-talent.es es una escuela con un claro enfoque hacia la excelencia académica. Este proyecto editorial pionero nace con el claro objetivo de promover el espíritu más creativo de nuestros profesores y colaboradores confiando
en su talento, dando así la oportunidad a nuestros alumnos de seguir invirtiendo en su formación.

Más información en:
www.ttalent.es

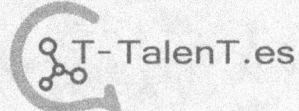

Mario del Valle

Liderazgo en la Dirección Comercial

Técnica más talento igual a triunfo

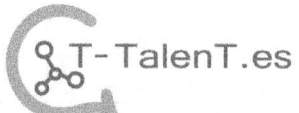

Liderazgo en la Dirección Comercial: Técnica más talento igual a triunfo
Mario del Valle Herrera

Todos los derechos reservados.
Queda prohibida, salvo excepción prevista en la ley, cualquier forma de reproducción, distribución, comunicación pública y transformación de esta obra sin contar con autorización de los titulares de propiedad intelectual. La infracción de los derechos mencionados puede ser constitutiva de delito contra la propiedad intelectual (arts. 270 y sgts. Código Penal)

De esta edición:

© 2022, Mario del Valle

ISBN: 9798795291376

A mi agua salada.

Contenido

Agradecimientos IX
Prólogo XIII

Capítulo 1
Dirección Comercial 1

    Introducción 1
    ¿Qué es la Dirección Comercial? 2
    Desempeño y actores protagonistas de una dirección comercial. 4
    Antecedentes de la dirección comercial: breve evolución de la historia de las ventas 7
    Evolución histórica de la promoción de ventas 14

Capítulo 2
La Dirección Comercial y la Dirección de Marketing 21

    Actividades de la Dirección Comercial 33
    Actividades de la Dirección de Marketing 34

Capítulo 3
Canales de distribución 37

    Introducción 37
    Funciones del canal de distribución 39
    Clasificación y/o niveles de los canales de distribución 40
    Estructura de los canales de distribución: Caso Japón *vs.* Estados Unidos 43
    Plataformas para la mejora del sistema de suministros 45
    La integración vertical y horizontal 47
    Factores que influyen en la elección de un canal de distribución 54
    Referencias 58

Capítulo 4
El equipo comercial 59
Origen de los equipos de trabajo 59
Conjunto, grupo y equipo 60
La importancia de los equipos comerciales 61
Formación del equipo de ventas 69
Referencias 75

Capítulo 5
Organización de la red de ventas 77
Modelos comerciales y estructuras organizativas 77
Modelos comerciales 79
Referencias 107

Capítulo 6
Evaluación del desempeño y gestión de competencias . 109
Sistemas de identificación del equipo comercial 110
Matriz de liderazgo situacional 114
Sistema MACODE (Matriz de comportamiento y desarrollo) . 118

Capítulo 7
Sistemas de retribución variable 129
Introducción 129
Conceptos previos 130
Motivos de implementación SRV 131
Arquitectura de compensación global 141
Referencias 158

Capítulo 8
Estimaciones y previsiones de objetivos 161
Introducción 161
Análisis sxponenciales (alisados y TMA) 166
Método Delphi 188
Método Krisp 193

Conclusiones 201
Algo más para concluir 201

Agradecimientos

Este libro no hubiera sido posible sin la colaboración ni elaboración colectiva de un grupo de personas de los que me enorgullezco haber formado en el MBA que impartieron. Quiero agradecer especialmente a este magnífico equipo multidisplicinar y de diferentes culturas la colaboración prestada para la realización y desarrollo del libro, así como el fantástico trabajo de investigación que llevaron a cabo.

A Viviana Flores (Perú), Laura Cuervo (Colombia) y Felipe Hiromoto (Perú) por su aportación en la Introducción a la Dirección Comercial y Modelos Comerciales. A Anyi Gutierrez (Venezuela), Alberto Ugalde (Costa Rica) y a Adrián Colomer (Perú) por la aportación en La Dirección Comercial y la Dirección de Marketing. A Gabriel Nievas (Argentina), Enya Leyrana (México) y a Zelma Escobedo (Perú) por su desarrollo y aportación en los temas de La importancia de los Equipos Comerciales y la Formación de vendedores. A Omar Espinoza (Perú), Dina Carpinteri (Argentina) y a Eduardo Vegas (Brasil) por su aportación en Los Sistemas de Retribución Variable y Los Canales de Distribución.

A todos vosotros, mil gracias por vuestro esfuerzo y tesón.

Mi agradecimiento y reconocimiento a Jaime Medel y Mari Fe Gallego (European Open Business School, EOBS) por darme la oportunidad de formar parte de un maravilloso proyecto y animarme a dejar esta pequeña huella que hoy tiene título. Igualmente, al personal de la escuela EOBS, Olivia, Marta, Liliana, José y a todo el elenco de personas que día a día hacen que mi trabajo sea más sencillo. Sin su ayuda no podría estar escribiendo estas palabras.

Por otro lado, se hace imposible expresar suficientemente mi reconocimiento a todas las personas que colaboraron y fueron parte de alguna página de este libro. Personas que, sin ser citadas aquí no puedo olvidarme de ellas.

Quisiera manifestar mi agradecimiento a mi amigo David. Cuando no existía la palabra mentor, sus sugerencias y consejos en mis primeros años de profesión, hicieron que la venta fuera mi pasión y mi mayor motivación.

Igualmente, a mi hermano Javier quien me hizo cambiar el rumbo de las cosas dándome una enorme oportunidad enseñándome a dar mis primeros pasos sobre negociación en un sector que por entonces era bastante enriquecedor y complejo.

Al capital humano de las diferentes empresas en donde he estado o he colaborado, las cuales me han enriquecido continuamente y en donde la palabra EQUIPO se ha hecho patente en mi vida, habiendo estado rodeado de miles de fantásticas personas.

A mi querida Paloma, quien me ha acompañado más de la mitad de mi vida profesional mostrándome el valor de muchísimas cosas. Ella me enseñó lo que era la lealtad.

A Domingo Illana, quien elevó mi responsabilidad a un grado analítico que me ha aportado mucho valor profesional en mi día a día y que me enseño la magia de sacar diez números con tan solo ver dos. Sin duda una aportación que generó mucho más valor a mi desarrollo.

A mi queridísima Stefanka, a la cual admiro por tener el grado de intuición más elevado que he visto en ninguna persona y a Boris al que llevaría en mi equipaje continuamente.

A Cande, quien ha estado endulzando las páginas de este libro mientras se estaba elaborando.

No puedo dejar de mencionar a mis hijos Blanca y Mario quienes muestran constantemente su cariño hacía mis proyectos, siendo embajadores de mis palabras y de mis consejos y de los que aprendo y aprenderé continuamente infinidad de valores.

Y no menos importante mencionar a mi madre, a mi abuela, a mis hermanos y a mi familia quienes me han ayudado constantemente a crecer como persona.

GRACIAS DE CORAZÓN.

Prólogo

Siempre me he definido como un tendero, una persona que empezó a vender en un mostrador y que hizo de su profesión una carrera. He tenido la suerte en mi trayectoria profesional de poder estar al frente de departamentos comerciales en diferentes compañías, y junto con mi labor como profesor docente en escuelas de negocios, consultor estratégico y experto en neurociencia cognitiva adaptada a la inteligencia emocional, hace que mi enriquecimiento personal cada día obtenga más y mejor visibilidad del negocio y de las personas. Adicionalmente, hoy podríamos constatar que un director Comercial debe ser un líder y para ello es imprescindible adquirir conocimientos cognitivos que, añadidos a sus habilidades y experiencia, dotan al director Comercial de una persona inspiradora.

La Dirección Comercial tienes grandes ventajas, pero también cuenta con una gran desventaja, y es que todavía algunas empresas consideran el puesto desde una perspectiva diferente a cualquier otro con titulación universitaria. He podido ver cómo se decía esto mismo en un comité de dirección. Parece que cualquier persona nos puede decir cómo tenemos que hacer las cosas, sin embargo, a mí no se me ocurriría decir a un director Financiero cómo tiene que hacer un balance o una cuenta de explotación, aunque tenga conocimientos sobre la materia. Cuando en una empresa, por ejemplo, se requiere un informático porque vamos a desarrollar un *software* específico, aplican personas con ciertos conocimientos y experiencias dentro del mundo informático. Existen carreras de informática, carreras de finanzas, contabilidad, recursos humanos, pero, sin embargo, carreras de dirección comercial son difíciles de ver. No existe un título universitario que nos avale o defina como directores comerciales. Debemos tener experiencia y conocimientos sobre la materia con el fin de demostrar nuestra valía dentro de este campo y eso es una ventaja competitiva sin lugar a duda. Afortunadamente, podemos hoy día realizar cursos, programas, un máster o un MBA con el fin de potenciar y desarrollar nuestras habilidades. Yo, personalmente, imparto con el mayor de mis orgullos uno de ellos y debo decir que son muy recomendables para poder crecer dentro de una profesión que no está reglada desde su inicio. Para mí siempre ha significado un caballo de batalla muy duro y siempre he defendido a la dirección comercial desde varios puntos de vista: un director Comercial es aquella persona que no se limita a dar órdenes. Y esto es algo que vemos con mucha frecuencia en algunas compañías. Un buen director Comercial no tiene por qué haber sido un buen vendedor, si consideramos como bueno el que solo produce. Un magnífico director Comercial es aquel que trabaja en pro del bien común entre su cliente (interno y externo) y la compañía. En resumidas cuentas, cuando imparto cualquier materia relacionada con este mundo, siempre advierto que no es fácil y eso se ve en el momento en el que por ejemplo hablamos de técnicas cuadráticas de segundo grado para establecer o estimar objetivos.

Dos conceptos tenemos que tener en cuenta y son vitales para representar una buena dirección comercial: técnica y talento. Así, técnica: métodos, herramientas y desarrollos que nos facilitarán nuestra labor como directores comerciales. Somos los responsables de los objetivos de la compañía y realizar esta tarea exige de mucha técnica. Todas las personas que estamos o hemos estado sometidos a objetivos hemos llegado a pensar en muchas ocasiones que estos «caen como una cascada», sin ninguna explicación previa ni clara sobre ellos. ¿Por qué subimos a unas personas y a otras no?, ¿por qué los crecimientos son lineales sin ningún tipo de razonamiento?, ¿por qué no le ponemos sentido y conocimiento a una de las cuestiones más delicadas de una Dirección Comercial? Sencillamente porque no sabemos, porque no queremos dedicarle más tiempo, porque nos vienen impuestos y no queremos perder nuestro sillón de mando y porque no los sentimos como nuestros. Estas respuestas son algunas de las que me han podido dar personas responsables de esta tarea y aunque suene sorprendente, tan fácil es preguntar a una persona el porqué de los objetivos. Tareas como un buen Sistema de Retribución Variable (SRV), como una matriz de desarrollo de personas, como una batería de acciones para encaminar una nueva estrategia, son algunas de las responsabilidades principales de un director Comercial que deben convivir con análisis continuos, cuadros de mando e informes de gestión. Ahora ya parece que esto empieza a ser un poco más difícil. Analizar no es ver un informe, es sacar conclusiones o, como alguna vez me dijeron, es ver el tercer número cuando solo tienes dos. Realizar estrategias sin estudios previos, históricos o cualquier información relacionada con nuestro *target* de cliente no garantiza el retorno de la inversión. Sistemas de Retribución Variable (SRV) que no viajan de manera paralela con la estrategia de la compañía y que son verdaderas biblias que solo entienden aquellos que los confeccionan, no sirven para orientar a la red comercial. No tener identificado mediante una matriz a las personas que lideras como director Comercial hace que al final seas un líder de «café para todos», es decir, a todos les doy el mismo mensaje. No tener informes que sean sencillos (¡cuidado!, el Excel lo puede todo) y claros, que nos alerten visualmente sin necesidad de navegar continuamente por ellos y que muestren la evolución de un equipo y de la estrategia a seguir, nos convierte en directores comerciales sin foco y sin ver claras amenazas que con un solo clic podríamos haber visto antes de que sucediesen. Y entonces vienen los problemas y perdemos el rumbo por no decir la cordura. Soltamos un *email* a toda la red comercial y nos vamos a casa pensando en que hemos realizado nuestro trabajo. Creamos confusión, desmotivación y ofuscación por parte de todo el personal. Margaret Thatcher solía decir que «el poder es como ser una Dama, si lo tienes que ir diciendo por ahí, malo». Con lo de ser director Comercial ocurre lo mismo y esto es un error frecuente que cometemos cuando no tenemos ni supervisión ni trabajamos para tenerla.

Cuando aprendí a cocinar (siendo para mí un magnífico entretenimiento), al principio siempre recurría a recetas de prestigiosos chefs con el fin de darle más credibilidad a mis platos y creaciones y así lo comentaba cuando los presentaba. El resultado no podría ser el más esperado, sin embargo me ganaba la atención de las personas al ponerles en la mesa una copia de un maestro de la cocina. Con todas las responsabilidades descritas ocurre lo mismo, si nos apoyamos en matrices, análisis, métodos y desarrollos tendremos y tenemos más garantías de que lo que compartimos tiene una base que no hemos inventado y esta base nos sirve para explicar mejor estas cuestiones que son muy delicadas. Compartir con claridad y utilizar la información como una herramienta allana mucho el camino y genera la confianza que necesitamos para orientar al equipo comercial. Sin salirme del contexto, hay que apuntar que la confianza se gana cuando uno se la merece y eso no va por los vendedores solamente sino también para los directores comerciales.

El otro concepto al que aludíamos es el talento. Concepto determinante para ser un gran líder de ahí el subtítulo de este libro *Técnica más talento igual a triunfo*. A lo largo del libro se desarrollan diferentes técnicas con el fin de garantizar una Dirección Comercial viva, implicada, entregada a sus objetivos, empática y asertiva. Considerando que el talento según lo define la RAE es inteligencia y aptitud para desempeñar algo con acierto (aunque yo personalmente añadiría a la inteligencia, la parte emocional, es decir la inteligencia emocional), si no desarrollamos nuestro talento, o simplemente no somos talentosos, difícilmente podremos ser buenos directores comerciales ya que la toma de decisiones forma parte de nuestro día a día. Podemos ser muy buenos con las técnicas y ser unos expertos en análisis, pero después de la técnica siempre viene la toma de decisiones y si esta no va acompañada con talento, las decisiones no serán acertadas, no lo digo yo, lo dice la Real Academia de la Lengua y la neurociencia cognitiva.

En una Dirección Comercial tenemos que tener claro que no solo necesitamos técnicas sino también talento para poder garantizar los objetivos que nos hemos propuesto. A la hora, por ejemplo, de estimar o prever objetivos, o simplemente realizar sistemas de retribución variables (SRV), tendremos que conocer determinadas técnicas o técnicas específicas con el fin de poder trasladarlas con la mayor claridad y transparencia a la red comercial. Prever, decía Kotler que es como conducir con los ojos vendados, sin embargo hay técnicas y métodos que nos pueden ayudar y orientar a estimar los objetivos y que nos facilitan mucho la tarea. Hacer un SRV, por ejemplo, no sirve de mucho si solamente manejamos los logros, es decir, no sirve de nada si recompensamos por lo que se vende, un buen SRV tiene que tener dos conceptos perfectamente identificados: la parte intrínseca y la parte extrínseca, es decir, la parte de los logros y la parte del comportamiento o conducta. Es la única manera de medir la valía y el comportamiento y con ello lo que desarrollaremos será un SRV acorde a las necesidades de la compañía. ¿Cuántas veces hemos visto algunos SRV que solo premien por vender?, seguro que muchos. Son fáciles de hacer, si vendes x, te damos x. Podemos liarlo un poco más y entonces incorporamos nuestro arsenal de castigos (llamados formalmente penalizaciones) o incorporamos un sinfín de productos y servicios que son ingobernables, pero, ¿cómo sería un SRV que midiera también el comportamiento comercial? A esta pregunta la responderemos en el capítulo al uso y del que puedo adelantar que no se quedará en «un SRV tiene que ser claro, entendible y sobre todo medible».

La Dirección Comercial gira de la misma manera en otros conceptos que también son determinantes, clientes y personas y cuando hablamos de personas no solamente estamos hablando de las personas que forman parte de una red comercial, sino de las personas que directa e indirectamente están involucradas con esa Dirección Comercial. Cuando hablamos de clientes es muy importante tener en consideración que el cliente se desenvuelve dentro de nuestra compañía en 360 grados. El cliente no interactúa únicamente con la Dirección Comercial. Un cliente que paga es un cliente que está interactuando con la Dirección Financiera, un cliente que de alguna manera es más proclive a unas campañas de marketing está interactuando con la Dirección de Marketing (si esta se encuentra desligada de la Dirección Comercial), incluso en función del modelo comercial que desarrollemos, un cliente podría perfectamente interactuar con una Dirección de RR HH, de Operaciones o Sistemas. Por lo tanto, la Dirección Comercial es cierto que va a ser quien mantenga la relación directa con el cliente, pero sin lugar a dudas ese cliente forma, y va a formar, parte de todo nuestro organigrama empresarial. Es por ello por lo que tenemos que tener en cuenta que el cliente se sienta parte de la compañía, de esta manera más que clientes, tendremos fans.

Una Dirección Comercial tiene que adaptarse perfectamente al estilo de los modelos comerciales que existen en estos momentos en el mercado. Hoy se pide que un director comercial lidere a la red desde una perspectiva diferente a hace años, desde un punto de vista que difiere mucho de los ejemplos con los que muchos de nosotros crecimos y nos desarrollamos en el mundo comercial. La globalización supone un reto diario para cualquier profesional y estar al tanto no solo del sector en el que trabajamos, sino estar al corriente de otros sectores, puede ofrecernos oportunidades de innovación y creatividad que generan beneficios para una compañía. Quién iba a pensar que la compañía más grande de taxis del planeta no tiene ninguno en propiedad o que la empresa hotelera más importante del mundo no cuenta con ninguna habitación propia. Estos competidores laterales o indirectos aparecen en la escena y en poco tiempo transforman el statu quo del mercado, eliminando a otros competidores. Por consiguiente, estar al tanto de las tendencias del mercado no es solo una responsabilidad de otro departamento de la compañía, sino de todas las personas que forman un elenco empresarial o lo que es lo mismo de esos 360° que forman las personas alrededor de una Dirección Comercial.

Hace tiempo la información era poder. Aún seguimos viendo empresas en donde esta premisa es su praxis, aunque no lo *postean* de esta manera. Hoy día la información es una herramienta y es una herramienta para llegar a ser más transparentes y claros con las personas que interactúan en la Dirección Comercial. No tener claridad en los objetivos de venta, no conocer la estrategia o simplemente no tenerla, no ser trasparentes en los SRV, con los procesos o procedimientos que implementamos, incluso con lo que la compañía necesita de una Dirección Comercial, obviamente disminuye el grado de éxito que vamos a obtener.

Este libro es un viaje repleto de experiencias y conocimientos adquiridos hasta la misma fecha en que se empezó a escribir. Conocimientos puestos en práctica en determinadas situaciones, técnicas probadas y testadas, herramientas que nos facilitan y nos enriquecen, valores que nos llevan a recuperar nuestra esencia emocional y habilidades y destrezas necesarias para liderar un equipo de personas. Es un testimonio vivo de éxitos que nos hará ser mejores líderes.

Capítulo 1

Dirección Comercial

INTRODUCCIÓN

La Dirección Comercial es uno de los principales departamentos y más delicados de una compañía cuyo core sea las ventas, el cual, basándose en su conocimiento y en sus estrategias, trabaja para alcanzar los objetivos económicos de las ventas trazados, afrontando con éxito los diversos cambios que presenta el mercado a través del tiempo. La adaptabilidad y flexibilidad que le corresponde a una Dirección Comercial es por tanto uno de los principios de su esencia.

La competitividad está alineada por las actividades que el equipo comercial desarrolle, para lo cual analiza e implementa herramientas necesarias para poder realizar las ventas de forma rentable y beneficiosa para la empresa. La Dirección Comercial debe ser eficiente y trabajar con agilidad y Talento.

Considerando la necesidad de cubrir y alcanzar los objetivos marcados, la gestión de la Dirección Comercial debe supervisar todo el proceso de la venta del producto o servicio. Trabajar e interactuar en

360º con el resto de los departamentos de la compañía y apoyar las decisiones estratégicas haciéndolas propias.

Para su adecuado funcionamiento, la Dirección Comercial debe estar totalmente informada de todo lo que sucede en su área, en la empresa y sobre todo, conocer las necesidades del consumidor y del personal que directamente está involucrado en la consecución de los objetivos comerciales, lo que llamamos interactuar en 360º con todos los integrantes directos e indirectos de la misma Dirección Comercial.

¿QUÉ ES LA DIRECCIÓN COMERCIAL?

Julián Herrero Palomo lo define de la siguiente manera:

> «La gestión comercial es la que lleva a cabo la relación de intercambio de la empresa con el mercado. Si analizamos esto desde el punto de vista del proceso productivo, la función o gestión comercial constituiría la última etapa de dicho proceso, pues a través de la misma se suministran al mercado los productos de la empresa y a cambio aporta recursos económicos a la misma. Ahora bien, la gestión comercial no sólo es la última etapa de proceso empresarial, ya que contemplada así cumpliría únicamente una función exclusiva de venta y, sin embargo, la gestión comercial comprende desde el estudio de mercado hasta llegar a la venta o colocación del producto a disposición del consumidor o cliente, incluyendo las estrategias de venta, y la política de ventas en el ámbito empresarial (todo lo referente a fijación de objetivos, sistema de incentivos para el caso de que sean alcanzados tales objetivos y, en su caso, el control del incumplimiento así como el grado y las causas del mismo)»[1].

Si consideramos este escenario como responsabilidades definidas de un director comercial, estamos hablando de una persona con técnica, análisis y por supuesto con talento. Sin embargo, cuando se busca un director comercial en ocasiones nos basamos más en las empresas en donde ha estado que en el contenido de este pequeño párrafo. Resulta curioso observar como con unas funciones tan estratégicas y analíticas (sin incluir el talento aún), nos conformemos en leerlas en un currículum vítae sin más. Cualquier persona que aplique a un puesto estas características, se sabe de memoria estas funciones y así, sin más, quedan reflejadas en su currículum vítae, pero por ex-

---

[1] Herrero Palomo, Julián (2001). *Administración, gestión y comercialización en la pequeña empresa*. Madrid: Editorial Paraninfo.

periencia, tanto conociendo a compañeros en empresas en donde he trabajado, como en empresas en donde he colaborado, y en procesos de selección que he liderado, puedo decir que muchos de ellos ni saben analizar, ni estimar, ni proyectar, ni ver más allá del propio sillón que no quieren perder por nada del mundo. Por supuesto que de talento mejor ni hablar.

Personas que no han pasado de la época feudal y que se comportan como reyes en sus castillos en donde se han ganado el derecho de hacer o tirar a matar sin tener licencia para ello. Os suena, ¿verdad? Pues todavía sigo viendo empresas y personas dentro de ellas con comportamientos antediluvianos que alzan la mano cuando se requiere un líder en la sala.

Recuerdo siempre una anécdota que vivimos en una empresa en la que trabajé siendo mucho más joven y que hoy todavía cada vez que me acuerdo, me enorgullezco de haber contribuido al desarrollo personal de un gran *líder* y con ello, por qué no, de haber realizado mis primeros pasos en el mundo de la formación y el desarrollo. Teníamos un jefe de Ventas entusiasta con la tarjeta de crédito de la empresa, con su chapa de *sheriff* y licencia para matar. Ingredientes fundamentales y determinantes para sembrar el caos en un departamento comercial. Cuando me incorporé al departamento lo primero que me dijo fue algo parecido a «siéntate por ahí y demuestra por qué te hemos contratado». Sin duda palabras de un magnífico mentor al que personalmente he de agradecerle su orgullo y vanidad ya que me dio la oportunidad de incorporarme a su puesto en menos de un año, y con ello aprender una de las mejores lecciones que jamás olvidaré, y es que, en ocasiones, es más fácil saber lo que no se tiene que hacer. En el departamento, por supuesto, reinaba el caos y aunque el ciclo económico del país funcionaba extraordinariamente, no se podía decir que los resultados obtenidos por el departamento ese año habían sido los mejores en la década. Por supuesto, los honores, gratificaciones y cenas de gala, acompañados por el «yo» de dicho responsable, resonaban en toda la compañía. Por tanto, el equipo comercial quiso agradecerle la colaboración y el perfecto liderazgo que derramaba en nosotros y decidimos enviar su currículum vítae a diferentes empresas de reclutamiento del país.

Por supuesto que, dada la singularidad económica del empleo, por entonces, no tardaron en llamarle para postrarse ante sus pies y ofrecerle nuevos castillos y tierras. Mientras tanto, lo compartía con nosotros con frases entristecedoras como «cualquier día me voy de aquí y a ver qué sois capaces de hacer. Hay muchas empresas que quieren y desean que trabaje para ellas».

Y así fue, un día se presentó y nos comentó que debía dejar la compañía porque tenía la misión de hacer crecer a otras y no podía rechazar la magnífica oferta que le habían realizado. Un castillo impecable, lleno de súbditos, una chapa de *sheriff* inmaculada de oro macizo y, por supuesto, una tarjeta que años más tarde se pasaría a llamar tarjeta *black* para su propio deleite. Así que nos dejó, y entre lágrimas decidimos irnos a celebrarlo. Hoy, a través de estas líneas, me gustaría pedir perdón en nombre de mis compañeros a la empresa encargada de reclutarle y, por supuesto, a la empresa que le contrató. Espero sepan perdonarnos.

Nos puede parecer exagerado y podemos llegar a pensar que ya no existen personas o empresas así. Si desde luego eres de esas personas, o bien has trabajado en pocas empresas y en donde estás saben cuidar de su gente, o eres él y estás leyendo estas exageraciones sacadas de contexto. Un buen director comercial no sacrifica a su equipo, se sacrifica él ante su equipo si es preciso. Estando de acuerdo con esta afirmación, entonces, ¿por qué siempre se prescinde o se despide a personas del equipo continuamente?

DESEMPEÑO Y ACTORES PROTAGONISTAS DE UNA DIRECCIÓN COMERCIAL

La Dirección Comercial de una empresa, con el director Comercial liderando, debe conseguir el cumplimiento de sus objetivos. Para ello, deberá cuantificar los resultados de su equipo, analizarlos y establecer si llega el caso, líneas de acción según los datos obtenidos.

El desempeño y la calidad de una empresa son juzgados por sus clientes, por lo que la Dirección Comercial debe tener en cuenta todas las características de los productos y servicios que brindan, así como todos los modos de acceso y apoyo que agregan valor a sus clientes. Cuando se logra esto, se tendrá asegurado no solo buenos niveles de satisfacción, sino la fidelidad y lealtad del cliente; lo que a su vez le permitirá crecimiento y sostenibilidad a los resultados que espera obtener la empresa.

El mundo globalizado y los cambios permanentes obligan a la Dirección Comercial a entender las necesidades actuales y futuras de sus clientes. Para ello, será necesario construir credibilidad, confianza y lealtad con sus actuales y potenciales clientes. Los sistemas de calidad establecen que no solo se deben cumplir los requisitos básicos del cliente, sino que debe lograr características de productos y servicios que los diferencia de la oferta de la competencia y para ello la vinculación emocional que alcanzamos con nuestros consumidores es determinante.

El desempeño esperado de una Dirección Comercial implica la aplicación de conceptos de innovación y mejora continua. Para ello, se deberá crear mecanismos de escucha permanentemente en 360º y así poder mejorar e identificar oportunidades de innovación. Las buenas prácticas en la actualidad hacen que estos mecanismos estén orientados al uso de la tecnología. Asimismo, estos mecanismos deben considerar el concepto de segmentación dado que cada segmento de clientes tiene diferentes necesidades.

Otro aspecto clave para el desempeño de una Dirección Comercial es la captura de información para determinar los niveles de satisfacción, insatisfacción y compromiso de sus clientes. Es importante considerar que un cliente con bajo nivel de satisfacción no es el mismo que un cliente insatisfecho. Un cliente insatisfecho es casi un cliente perdido, y es necesario recordar que recuperar un cliente perdido requiere una inversión mayor que conseguir un cliente nuevo y esto, a su vez, requiere más inversión que retener a los clientes actuales. En muchas ocasiones vemos cómo se mide la satisfacción del cliente en porcentajes de uso. Sin duda es un buen indicador o KPI para medir la fidelidad del cliente y considerando como muy aceptables porcentajes del 90 %, dejamos al otro 10 % como error atípico, es decir, es normal que haya un porcentaje alrededor de este 10 % de clientes insatisfechos. No se trata de tener un 100 % pero al menos hay que analizar ese 10 %.

Los comités de Dirección o Consejos de Administración se han vuelto en defensas impecables de cualquier indicador o KPI. Las matemáticas son maravillosas y se puede perfectamente comunicar un número que aparentemente es negativo en algo fascinantemente positivo. Error, pues las posteriores posibles decisiones acarrean consecuencias que en ocasiones son muy destructivas, hasta el punto de poder llevar a una empresa a la quiebra. No se exagera cuando se alude a esta palabra. He podido ver y asistir a algunos de ellos y presenciar auténticas barbaridades, todo por defender la posición de una persona, o bien por no saber analizar y poner en riesgo a un departamento entero. Igualmente, he podido asistir a otros en donde lo más importante y determinante no era otra cosa que analizar para la perfecta toma de decisiones y a todos los miembros de dicho comité se les exigía estar al día de todo lo que podía acontecer en la compañía.

Dentro de las buenas prácticas, una Dirección Comercial también debería contar con mecanismos para determinar los niveles de satisfacción en comparación al que pueda tener con la competencia, para lo cual hace uso de técnicas como el *benchmarking*.

La información obtenida sobre la satisfacción relativa de los clientes también puede incluir información sobre por qué los clientes prefieren a la competencia. Este aspecto es una potente herramienta para generar oportunidades de mejora en los productos y servicios que ofrece la empresa. Por ese mismo motivo, la meta de toda Dirección Comercial debe ser «comprometer al cliente», con ello se logrará compras reiterativas y buenas referencias hacia la empresa, aunque más bien prefiero decir «hacer *fans* a nuestros clientes», esto es ya un nivel diferente.

Es muy importante que la Dirección Comercial logre establecer canales para relacionarse permanentemente con sus clientes, por lo que se encuentra muy difundido los principios del CRM (*Customer Relationship Management*) en las empresas, así como programas de gestión interna e informes dentro de un Cuadro de Mando Integral (CdM) que aportan información relevante para el buen transcurso de la compañía.

Es fundamental contar con vendedores y personal relacionado con la atención de los clientes con el perfil adecuado. Son ellos, los que influyen directamente en la generación de la relación de marca, de confianza y calidad de las empresas. Esta situación puede volverse crítica dependiendo del modelo de comercialización que establezca la Dirección Comercial y los canales de distribución correspondientes (detallados en capítulos posteriores). El personal de ventas debe tener muy claro todas las características importantes de los productos y servicios (P/S) que se comercializan, así como su desempeño a lo largo de todo su ciclo de vida y toda la cadena de consumo. Deben enfocarse en las características que afectan la preferencia y la lealtad del cliente a la empresa, es decir en aquellas que diferencian sus productos de las ofertas competidoras o servicios de otras empresas. Un rol importante de la Dirección Comercial es lograr superar las expectativas de los clientes en el momento mismo de la venta.

En un entorno de rápida evolución tecnológica, competitiva, económica y social, muchos factores pueden afectar las expectativas del cliente, su lealtad y la relación con el mercado. Por ello, es necesario escuchar, practicar y aprender continuamente. Una eficaz escucha y aprendizaje deben estar estrechamente vinculados con su estrategia general de negocios. Las empresas deben familiarizarse con las herramientas para monitorear y hacer seguimiento a esta información. Temas como *Blockchain* (cadenas de bloques), *Big Data* (macrodatos), IoT (Internet de las cosas) o la Industria 4.0 (cuarta revolución industrial) afectarán el desempeño y el resultado de una gestión moderna de una Dirección Comercial.

ANTECEDENTES DE LA DIRECCIÓN COMERCIAL: BREVE EVOLUCIÓN DE LA HISTORIA DE LAS VENTAS

La Prehistoria

La Prehistoria marcó el inicio de la sociabilización del ser humano. En sus comienzos las herramientas con las que contaban eran demasiado básicas y aseguraban su supervivencia para recolectar, cazar y pescar. Con ellas conseguían todo lo necesario para poder alimentarse. No eran grandes conocedores de los métodos y técnicas de recolección o producción agrícola o al menos no hay evidencias de que hubieran existido cambalaches comerciales en la época, seguramente por las distancias entre los diferentes grupos sociales establecidos a lo largo de grandes espacios de terreno.

Todo aquello que se producía constituía su principal fuente de alimentación sin considerar que cualquier alimento recolectado, cazado o pescado podría de igual manera ser una oportunidad de crecimiento más allá de su círculo social o de grupo.

Con el nacimiento de las primeras familias, se crearon los círculos sociales que más allá de organizar el abastecimiento personal del grupo, trataban sobre la eficiencia en la producción y de esta forma el desarrollo de la agricultura dio un paso de gigante con nuevas herramientas que facilitan las tareas en el campo. Según los historiadores, esto tuvo lugar en la segunda etapa de la Edad de Piedra, hace aproximadamente 8.000-10.000 años. Adicionalmente y de manera paralela se comienza con la cría de animales y con la domesticación de algunas especies con el fin de no tener una dependencia total de la caza. Con las nuevas herramientas para la agricultura y con la domesticación de algunos animales, se trabajaba conjuntamente para, por ejemplo, utilizar a los mismos como animales de tiro. Sin duda, estos avances fueron fruto de una organización cuyo objetivo más allá de la supervivencia era la de crear grupos fuertes y sostenibles en el tiempo, cuestión que hoy día cualquier empresa tiene como objetivo y que podemos observar en las estrategias de estas.

Inicios del intercambio comercial. El trueque o permuta

Por entonces, el tener un excedente suponía una ventaja importante en el crecimiento de los grupos o comunidades sociales. Enfrentarse a las diferentes estaciones climáticas manteniendo un *stock* de alimentos considerable, alargaba aún más la esperanza de vida y, por otro lado, la ventaja de utilizar los mismos para cambiarlos o mejor dicho, para realizar un trueque. Al principio el trueque solo se realizaba en la misma comunidad social. Las personas tenían ciertas responsabilidades y tareas que finalizaban con la producción de algún insumo y estos eran intercambiados con otras personas por otros que a su vez habían creado. Se hacía desde dos perspectivas, una de ellas era pública y social, es decir, los intercambios de productos eran considerados como una tarea más de la comunidad, y por ende debían de realizarse. La otra era de manera privada. Sin embargo, no era fácil en muchas ocasiones encontrar a personas que pudiesen estar interesados en determinados productos o simplemente los acuerdos no llegaban a buen puerto por otras razones de interés. Estamos remontándonos a muchísimos años y da la sensación de que estamos hablando de lo que ocurre en la vida actual con la venta de productos o servicios. Encontrar la necesidad para poder vender nuestros productos o servicios representa un hándicap importante para cualquier empresa.

El hecho de encontrar dificultades para realizar el trueque conllevó a realizar procesos diferentes con el fin de *seducir* y así atraer la atención en el cambio o permuta. Dos productos no tenían por qué tener la misma equivalencia o bien por la necesidad imperiosa de alguno de ellos o simplemente por la cantidad o volumen que se generaba, es decir, es como funciona hoy día el mercado de la oferta y demanda. Por ello se introdujeron ciertas acciones para atraer la atención y así equilibrar los trueques. Se incorporó a las permutas el oro y la plata los cuales ya constituían un elemento diferenciador para aquellos que lo poseían. Nada que nos pueda sorprender y que realizamos hoy día, creando procesos para atraer y seducir a nuestros clientes a través de estrategias de exclusividad y diferenciación. De esta manera y con el objetivo de realizar un trueque interesado, se incorporaron también ciertas piezas de valor que por su exclusividad y diseño eran muy apreciadas por los mercaderes. Estas piezas correspondían a partes de animales difíciles de cazar, como dientes o garras, o artículos con un toque exótico como caparazones o conchas marinas, etc. Estaríamos hablando del comienzo del uso del *dinero* como moneda de cambio y como facilitador en los diferentes trueques o permutas. Evidentemente un artículo curioso o metales preciosos como el oro y la plata suponían la diferencia entre un intercambio u otro, y el decantarse por ello era condición del interés de todos. Otra vez más una cuestión que se ha seguido a través del tiempo.

Y todo ello trajo de igual forma la diferenciación entre unos pueblos y otros. El pueblo fenicio fue el Apple o el WalMart de la época. Sus procesos de comercialización, la organización a través del mar Mediterráneo como base de sus operaciones en donde guardaban la gran mayoría de sus mercancías con el objetivo de poder distribuirlas a través del mar ganando eficacia y demostrando eficiencia hicieron de este pueblo la empresa más importante de la época. Fueron los fenicios los primeros en crear *almacenes* para la distribución masiva de sus productos. Sus puertos estaban abarrotados de mercancías de todo el mundo conocido y eran perfectos negociadores y adquisidores de productos. El estilo fenicio es algo que vemos en nuestra época actual con procesos similares a los que estos tenían por entonces. El mundo comercial representaba el mejor avance que la humanidad había tenido hasta entonces y el crecimiento de todos los pueblos a través del comercio supuso una revolución que hasta ahora no ha parado y aunque no tiene nombre propio, me atrevería a denominarla como la *Revolución Comercial*.

Otro claro ejemplo de *empresa* lo tenemos en el Imperio romano, aunque destacaría más por inventar o crear los canales comerciales, es decir, la vía por donde nuestros productos llegan a los consumidores o usuarios finales. Sus rutas terrestres facilitaban el transporte de mercancías, minimizaban el riesgo del tiempo y, por supuesto, el riesgo de perderlas, al ser las mismas muy transitadas. Podríamos afirmar que crearon los primeros GPS de la historia con una exactitud extraordinaria. La creación de vías de agua (acueductos), vías marítimas y las mencionadas vías terrestres hicieron de este Imperio el FEDEX de la época. ¿Y cómo no? Para asegurarse su riqueza, crearon lo que se denominó *salarium* que no era más que una cantidad de sal que se entregaba a los soldados por sus servicios prestados, posiblemente era una especie de sistema de retribución variable ya que la base es la misma que utilizamos hoy en día. Movían la economía a través de este *salarium* ya que los soldados lo utilizaban a su vez para comprar otros bienes o servicios. Adicionalmente incorporan una moneda de bronce llamada *as* que fue con el tiempo sustituida por el *denario argentum*, moneda de plata que equivalía a 10 ases. Etimológicamente de la palabra denario nace el término que todos conocemos hoy como dinero. Más adelante vendrían los *sestercios* y el famoso *quinario* para fraccionar el valor del denario y del as. Podríamos catalogar al Imperio romano como una perfecta empresa financiera o ¿por qué no como el Wall Street de la época?

La Edad Media

La Edad Media trajo cambios en los procesos comerciales y en las políticas económicas de los países que estaban. Por un lado, la producción agrícola era entregada casi en su totalidad a los señores feudales, estos a su vez gestionaban las tierras que eran cosechadas por el pueblo y todo lo que se producía en sus dominios. A cambio ofrecía seguridad y protección a las personas que vivían en sus dominios, aunque el precio que tenían que pagar por ello podría entenderse como demasiado alto. Muchos países de la Europa conocida se vieron inmersos en esta nueva manera de hacer las cosas. Las personas se congregaban en los centros urbanos, o lo más cerca posible de la protección de los señores feudales, contribuyendo a un crecimiento demográfico sin precedentes y, como consecuencia de ello, se empezó a ver la división de los trabajos o los sectores de profesión. Evidentemente no podemos decir que la Edad Media no supuso un avance comercial en la historia, aunque desgraciadamente algunas empresas de hoy en día siguen ancladas en la época feudalista y siguen utilizando este modelo. En este caso no nombraremos ningún ejemplo a sabiendas de que todos conocemos seguramente a unas cuantas.

La Revolución Industrial

Ya en la mitad del siglo XVIII se inicia la Revolución Industrial la cual cambia por completo el panorama económico que se basaba principalmente en la agricultura y la artesanía. Nace en Gran Bretaña, extendiéndose rápidamente al resto de Europa. Tres cuartas partes de la población subsistían con trabajos agropecuarios. Principalmente estaba basada en el autoconsumo y no en la comercialización de los productos obtenidos, puesto que, además, la productividad era muy baja. Las ciudades no eran tan grandes y además estaban inmersas en un desarrollo sostenible de las actividades agrícolas y artesanas, Por otro lado, las ciudades estaban sometidas a monarquías absolutistas en donde todo y todos eran propiedad del rey.

La Revolución Industrial trae a la época mejoras sustanciales en la fabricación y materialización de productos y servicios siendo un perfecto ejemplo la invención de la máquina de vapor, la cual impulsó la producción agrícola, la industria en general y, por supuesto, el transporte.

Se podía viajar más rápido y como consecuencia de ello exportar productos o montar compañías al otro lado del océano. Fue el primer ejemplo de la globalización y del comercio internacional. Los productos incrementan notablemente su volumen y lo que en un principio se creía que iba a restar muchos empleos, lo que conllevó fue a establecer nuevos modelos de negocio que crearon bastante más empleos de los que hasta entonces existían.

Europa, por entonces sentada en primera fila, extendía su imperio o utilizaba sus colonias con la exportación e importación de productos o insumos hacia el viejo continente. Europa vivió una expansión sin precedente en su historia. Se producía a escala y el volumen o capacidad que tenía una máquina para, por ejemplo, fabricar un telar, no tenía control ninguno, es decir, todo lo que podía producir salía al mercado. Con ello se cubrían nuevas necesidades en mercados continuos en crecimiento. Fue a partir de entonces en donde se crearon las primeras estructuras comerciales, organizadas y asalariadas incluso con retribuciones variables al uso.

La Era de las Ventas

Llegaron guerras que aportaron cambios sustanciales en los modelos de negocio En la primera mitad del siglo XX, dos guerras cambiaron el mundo por completo junto con el desplome de la bolsa en Wall Street y la Gran Depresión. Como consecuencia de estos escenarios, la crisis sectorial conllevó una caída vertiginosa de los activos de las compañías motivada por el decremento sustancial del consumo y la posterior caída de los precios en los productos y servicios que prestaban. Sin embargo, paradójicamente la II Guerra Mundial supuso una oportunidad de crecimiento económico del país ya que toda la producción se derivaba al abastecimiento de las tropas. Por un lado, el país experimentó un crecimiento económico y, por otro, el mantenimiento de su potencia laboral, sin dejar de lado el patriotismo que creó. Desde esta perspectiva, las guerras siempre han supuesto una oportunidad o una magnífica fortaleza para aquellos países productores, aunque esto, desde luego, desde una perspectiva comercial.

En el otro lado del océano, Europa adolecía las consecuencias de una guerra atroz que había destruido las principales fábricas del viejo continente y, por consiguiente, su capacidad de recuperación en un periodo corto de tiempo. Europa no podía por sí sola salir de un escenario provocado por la II Guerra Mundial y Estados Unidos contaba con una producción en sus fábricas que después de la guerra necesitaban vender.

Fue entonces cuando las empresas americanas contrataban sin parar a *agentes* con el objetivo de vender toda la producción que sus fábricas realizaban. Estos se encargaban de prospectar todo el mercado para conseguir clientes y así poder enviar la mercancía requerida. Acuerdos gubernamentales entre diferentes países también garantizaban que la producción existente saliese al mercado. La deuda que estos contraían con EE UU empezaba a dotar al país de un potencial extraordinario para seguir invirtiendo en más producción.

La competencia entre las diferentes compañías estadounidenses fue tremenda y para ello, el estar técnicamente bien organizados, bien estructurados y contar con una fuerza de ventas era determinante para vender la producción. De la misma manera cuanto más producía el país, más crecía interiormente, ya que el dinero se gastaba principalmente dentro del país, lo cual sembró de oportunidades el mercado para los negocios locales, muchos de los cuales son grandes emporios hoy día.

La Era de la Mercadotecnia

Hace tan solo algunas décadas, la demanda fácilmente podía superar a la oferta. Las empresas movían sus productos con menos complicación que en el día de hoy y las redes comerciales se desarrollaban en un escenario de ventas muy fructífero. Había buenos vendedores seguramente, pero desde muchos de estos crecieron con el *sí* del cliente. Sin embargo, la profesionalización del cliente frente a un producto o servicio hizo girar del día a la noche todo este escenario. La calidad, la atención, términos como la eficiencia en los procesos eran algunas cuestiones que empezaron a sonar fuerte y como consecuencia de ello la oficialidad del *marketing* como departamento cuyo objetivo principal era el cubrir las expectativas de todos los clientes. Muchos vendedores empezamos nuestra andadura con el *no* del cliente y, por tanto, nos tuvimos que enfrentar a un mercado que había cambiado y que con ello estaba arrastrando a la anterior escuela dando paso a vendedores más adiestrados, con más habilidades y destrezas, y a departamentos de marketing que facilitaban aún más la vinculación con los clientes. El *sobrestock* que se producía en los almacenes era una cuestión seria de riesgo y había que dar paso cuanto antes a un nuevo escenario, a una era, la era de la mercadotecnia. Los clientes ya no llamaban tanto para solicitar producto, ahora era la fuerza de ventas junto con el marketing quien acudía a verlos.

La Era de la Información

Nuevos actores, procesos y *players* están irrumpiendo en el mercado continuamente otorgando una gran cantidad de información que ponen al alcance de los clientes y que con suma facilidad se puede acceder a ella. Cierto es que tal amalgama informativa crea confusión a la hora de decidirse por un producto u otro. Por un lado, tenemos gran cantidad de información, pero el procesar la misma se convierte a veces en una tarea difícil. La globalidad ha permitido el acceso a cualquier producto o servicio en cualquier parte del mundo a tan solo un clic de distancia. El organizar y segmentar la información es el objetivo de cualquier empresa con el propósito de hacer canalizar la información de manera más adecuada. Los vendedores de la antigua escuela, aquellos que nacieron con el *no* ya no están de moda, sus argumentos y la manera de involucrar al cliente en la decisión de compra ya no es válida, se necesita de otras formas que en muchas ocasiones no logramos identificar. Hoy día, internet es un vendedor que está 24 horas al servicio de un cliente y competir con ello no es difícil si lo vemos como un aliado, como un facilitador para poder canalizar nuestros productos y servicios. Los vendedores de hoy día necesitan del *talento*, concepto que ayuda a la vinculación emocional que necesitamos hacía nuestros clientes. Ya no se necesita hablar tanto de producto, los clientes no compran lo que hacemos sino por qué lo hacemos, y eso está cambiando las reglas del juego. Algunas empresas aun no se han enterado y sufren por ello unos índices de rotación de personal de la fuerza de ventas muy elevado.

Hablamos de buscar talento y de retenerlo, pero no se puede retener si no hay, y no se puede buscar si no sabemos cómo. La vinculación emocional hoy día es la mejor herramienta que tenemos a nuestro alcance utilizando armas como la asertividad, empatía y nuestro lenguaje no verbal entre otros. El vendedor del siglo XXI ha de aportar estas destrezas y habilidades ya que la técnica podría decirse que está en un segundo plano.

EVOLUCIÓN HISTÓRICA DE LA PROMOCIÓN DE VENTAS

Tal como se describió anteriormente y de manera breve, pueblos, culturas y civilizaciones han creado procesos que desde sus inicios hasta el día de hoy suponen un manual magnífico de las ventas. Muchos de los procesos descritos aun siguen vigentes habiéndose adaptado a los escenarios venideros, pero desde luego la base la podemos remontar muy atrás en nuestra historia.

Cultura griega

La cultura griega aportó un sinfín de personas que trabajando en diferentes áreas fueron determinantes para el desarrollo de dicha cultura. Estamos hablando de la civilización de la palabra, de valores intrínsecos que hoy día permanecen en muchas otras culturas y sin olvidar que este pueblo se diferenció igualmente por su extraordinaria evolución en el sector comercial, como lo menciona José María Llamas en su libro *Estructura científica de la venta*:

1. «Del año 800 al 500 a. C. la actividad comercial se lleva a cabo bajo la modalidad de las ciudades-estado, característica de esta civilización. La ciudad de Mileto controla las actividades en el mar Negro, en tanto que Esparta y Atenas dominan el Mediterráneo».

Al igual que ocurrió con el Imperio romano, en estos años de florecimiento mercantil en la antigua Grecia se incorporaron procesos monetarios y también crediticios lo que conllevó a la creación de un sistema tributario para organizar las arcas del estado. La exportación trajo nuevas colonias y las nuevas colonias nuevas oportunidades de negocio. De ellas podemos mencionar por la importancia en la época, las colonias de las actuales Francia, España y norte de África.

2. «Del año 500 al 200 a. C. periodo en que, a consecuencia de la extensión hacia Oriente, el tráfico mercantil griego se desplaza hacia Bizancio, Alejandría y Antioquía».

Los principales productos con los que comerciaban y que conseguían o bien dentro de su extenso territorio o fuera de el eran los cobres y todo lo relacionado con la alfarería, así como la importancia del aceite de oliva y el vino que ellos producían, muy preciados por otras culturas y pueblos. Incluso se atrevían con los mármoles con los que se construyeron auténticas maravillas Movían estos productos entre otros a otros países realizando una labor de intermediarios en sus diferentes vías o canales de distribución, utilizando el mar como principal canal de comunicación. Grecia no contaba con una producción interior variada pero su manera de intermediar con otros países hizo de esta cultura un centro de distribución de extraordinaria relevancia para el momento. La selección y la estrategia griega en seleccionar productos altamente competitivos y ante todo rentables, considerando que el pueblo griego solo podía competir en aceites y vino, la organización de las rutas para intermediar con otras culturas y conocer y crear la necesidad de abastecer a los mismos con los productos que distribuían, desató y desarrolló a la cultura griega hasta unos índices de desempeño magníficos. La inversión que realizaban dentro creó nuevas escalas de economía y desarrollos financieros de gran utilidad, además de, por supuesto, crear una cultura digna de referencia.

Cultura romana

Ya lo comentamos anteriormente. Profundizando aun más en la evolución histórica de las ventas de la cultura romana, podemos apreciar cómo el pueblo romano extendió mucho más allá de sus fronteras muchos de los procesos mercantiles que hoy día siguen teniendo vigencia. Todo lo relacionado con el derecho, tributación, legislación, religión, arquitectura, estructura social y económica diferenció al pueblo romano del resto de civilizaciones. Cierto es que el pueblo romano no se distinguía por su aporte comercial, la organización y desarrollo de sus procesos, pero facilitó el comercio mercantil y comercial entre muchos países. Las vías de comunicación que crearon tanto por mar como por tierra con el fin de mover a sus legiones de una manera más eficiente contribuyeron a un aumento del tráfico comercial, y por consiguiente a un intercambio de productos e insumos que no producían, aunque también hay que mencionar que estas vías se utilizaban para transportar los saqueos y los botines de guerra.

Con la creación de estas vías y la anexión de las colonias griegas y cartaginesas, las cuales estaban en una época de esplendor comercial inmejorable, la cultura romana crea una verdadera flota mercantil e instaura las primeras regulaciones para controlar la actividad comercial de los diferentes tránsitos por mar que se realizaban. Podría decirse que crearon los primeros INCONTERM (*International commercial terms* – Términos internacionales de comercio) del mercado. Aparecen los primeros contratos de comercio de compra y venta de productos y servicios, así como asociaciones mercantiles y comerciales. Al igual que en la cultura griega, la cultura romana florecía con productos de otros pueblos y su nivel de intermediación regulada significó un desarrollo legal importante y de referencia. La diferencia entre ambas culturas radicaba en las vías terrestres y el aprovechamiento que hacía de estas con la que lograban una manera más eficiente de distribuir productos, mientras que la cultura griega se aprovechaba más del nivel intelectual y, por supuesto, de las vías de comunicación que establecieron, las cuales funcionaban como peajes de pago para muchos.

Cultura árabe

El comercio árabe se caracterizó por las inmensas caravanas que circulaban de una punta a otra del desierto, utilizando principalmente camellos los cuales estaban perfectamente aclimatados a tan largos y secos viajes. El pueblo árabe fue considerado en la época como uno de los pueblos más nómadas del momento y mercadeaban con todo tipo de mercancías, incluso la mercancía humana (esclavos). La cultura árabe estaba formada principalmente por pastores y grandes guerreros, llegando a conquistar grandes extensiones sobre todo en el Mediterráneo.

De su procedencia babilónica y sumeria, fueron los dueños y señores del tránsito comercial y mercantil en muchas ciudades, organizando su mercadeo con grandes almacenes situados en distintas ciudades. Egipto, por ejemplo, era empleado como un inmenso granero donde se almacenaba gran cantidad de alimentos para abastecerse en caso de necesidad y como punto base de sus operaciones. No solo utilizaban las materias primas para comerciar con ellas, sino que introdujeron procesos de fabricación con las mismas con el fin de obtener entre otros, magníficos telares realizados con pieles y lana o herramientas y armas utilizando los metales, lo que conllevó un desarrollo económico importante y un crecimiento que condujo a la expansión y a la conquista de muchos territorios. Puede resultar paradójico, pero las grandes civilizaciones o culturas que han desarrollado rápidos crecimientos económicos dados por la vía mercantil o comercial se han convertido en grandes potencias y esto ha traído las numerosas conquistas que la historia nos ha dejado a través del paso del tiempo. Hoy día y llevado al mundo de los negocios podemos ver lo mismo, aunque desde una perspectiva diferente. Aquellas empresas que crecen económicamente y cuentan con el favor de sus clientes, son las grandes conquistadoras del momento. Es evidente que, si podemos ofrecer exclusividad o diferenciación en nuestros productos y servicios, seremos más deseados y el deseo hace que podamos llegar a cualquier lado.

Cultura americana

Si consideramos el tiempo y las diferentes culturas y civilizaciones que hasta ahora hemos estado viendo, la cultura americana es un claro ejemplo de misterio y curiosidad. Tierras desconocidas por los habitantes del viejo continente y de las que hasta hace relativamente poco tiempo no sabíamos nada de ellas. Separada por el océano Atlántico de Europa, América supuso lo que hoy podríamos explicar como un producto nuevo en un mercado nuevo. El descubrimiento de otras culturas como la azteca trajo nuevos conocimientos que ayudaron a mejorar y desarrollar ciertos procesos culturales.

Los pueblos de América pasaron por dos escenarios en cuanto al comercio se refiere. La primera, el de formar parte de los almacenes de Europa, es decir, productos, metales preciosos y otros insumos fueron llevados al viejo continente donde se vendían y se producían. Este comercio se podría definir como transacciones sin coste de producto, lo que aumentaba aún más el beneficio de cada viaje. La segunda es cuando la cultura americana comienza de manera regular y regulada el comercio, y es a partir de entonces cuando el crecimiento en algunas ciudades sufre un desarrollo económico espectacular. Se forman empresas que mercadean internacionalmente. Hoy día se puede afirmar que América es una línea de negocio importante para conectar a todo el mundo.

Conclusión

El comercio de una u otra manera ha contribuido a la evolución económica y a nuestro desarrollo y siempre ha representado una forma de vida. Es difícil pensar que dejará de existir, se transforma continuamente y debe ser monitorizado en todo momento. Aquellas compañías que innovan son aquellas compañías que perduran en el tiempo. A través de la historia hemos podido ver de una forma breve cómo el desarrollo de una civilización o cultura ha sido motivada por el comercio y cómo este ha influido en la forma de vivir que tenemos. Un producto o un servicio puede moldear la vida de las personas o simplemente cambiar el estatus de una tendencia. Si cada vez que lanzamos un producto, ponemos un precio, realizamos un sistema de retribución variable, ponemos objetivos, determinamos qué canales vamos a utilizar, pensamos en qué perfiles de personas son los más adecuados para formar parte del equipo, etc., lo que estamos intentando hacer es cambiar las cosas, y posiblemente cambiar la manera en que hacemos las cosas creando una cultura diferente, por lo que cada paso que damos es determinante para el resultado. No existen pelotones flojos, sino malos líderes.

BIENVENIDOS A LA DIRECCIÓN COMERCIAL.

REFERENCIAS

- Herrero Palomo, Julián (2001). *Administración, gestión y comercialización en la pequeña empresa.* Madrid: Editorial Paraninfo.

Capítulo 2

La Dirección Comercial y la Dirección de Marketing

Ya estuvimos comentando brevemente la historia de las ventas y dimos un viaje remontándonos muy atrás en la historia. El marketing siempre ha estado muy ligado y ha todo lo relacionado con el comercio, pero su historia es mucho más joven que la del propio comercio en sí. Podríamos decir sin atrevernos a exponer estas fechas como su invención, que el marketing empieza a coger fuerza desde en 1934 cuando aparece por primera vez el *American Marketing Journal*, que a partir de 1936 se transformó en el actual *Journal of Marketing*. En 1937 se crea la American Marketing Association (AMA), con el objetivo de promover el estudio científico del marketing y es desde entonces cuando el marketing se convierte en un arte o ciencia.

Existen algunos libros cuya portada alude a la Dirección Comercial y su contenido es puramente marketiniano. En alguno incluso podemos leer *La Dirección Comercial* y su primer capítulo es «El plan de marketing», luego hablan de la marca, del posicionamiento de los productos... relacionado con la Dirección Comercial, pero esto no es Dirección Comercial.

Sin tener la intención de posicionarme, aunque el objetivo de este apartado es dejar más claro cuáles son las atribuciones de ambos departamentos estén o no integrados en uno solo, si hablamos de Dirección Comercial como departamento independiente, hablamos de plan de ventas, y si están integrados podemos conceptualizarlo como plan de marketing y ventas.

A lo largo de mi experiencia en diferentes compañías, habiendo formado parte contractualmente de una compañía o empresa, o colaborando como consultor estratégico, he podido observar que ambos departamentos en algunos casos estaban integrados y en otros no. Lo que realmente importa es que la convivencia sea efectiva y productiva. Siendo departamentos que tienen que viajar de la mano, existe sin embargo una dicotomía que nos plantea el hecho de las funciones y responsabilidades de ambos. A continuación, se recogen opiniones de varias personas en un foro de debate establecido en la impartición de un MBA, en donde personas con experiencia profesional y con capacidad de juicio, siendo el interés principal dejar claro qué es una Dirección Comercial y qué es una Dirección de Marketing. Aquí no tiene cabida el posicionamiento ni la crítica de nadie, son textos integrados en dicho foro:

«El departamento de Marketing y el de Dirección Comercial deben tener estrechas relaciones comunicativas. No obstante, sus funciones siempre deben tener un sentido de autonomía. Es decir, ambos departamentos no pueden fusionarse en uno. Esto evita la confusión de ambos roles de los trabajadores de cada departamento, malos entendidos».

«Cada departamento debe tener sus roles muy bien definidos, pero al mismo tiempo comunicarlos entre sí para maximizar ingresos. Es necesario analizar los resultados realizando reuniones periódicas para evaluar las estadísticas del comportamiento de la compañía en su conjunto».

«Departamento Comercial: se encarga principalmente del proceso de la venta del producto o servicio que ofrece una determinada empresa, su distribución, contacto con el cliente o intermediarios, generar y estrechar lazos, vínculos y fidelización con todos ellos.

Departamento de Marketing: se enfoca en conocer las necesidades de los clientes para satisfacerlas y atenderlas de la mejor manera, acercar visualmente el producto o servicio a nuestro cliente, busca ganar su atención mediante la publicidad, la promoción y la introducción en el mercado de un producto o servicio».

«Podríamos decir que el marketing estudia las necesidades, gustos, hábitos y tendencias de comportamiento de los consumidores en búsqueda de necesidades y deseos insatisfechos, una vez encontradas se realiza la creación de bienes y servicios para satisfacer dichas necesidades y deseos, fija un precio, organiza la puesta física en el mercado y desarrolla la comunicación de los productos y servicios. Considerando esta breve descripción, podríamos afirmar que el marketing investiga el mercado, lo segmenta, recolecta información de suma importancia para la creación de bienes y servicios, establece un precio mediante el estudio anteriormente realizado conjuntamente con el área de producción, organiza la puesta física en el mercado de manera conjunta con el área de operaciones y logística, y COMUNICA con diferenciación para buscar ventajas competitivas».

«La realidad nos demuestra que en algunas ocasiones ambos departamentos no actúan todo lo coordinados que deberían hacerlo. A título de ejemplo, los vendedores suelen otorgarse el conocimiento del cliente, y en algunos casos se reservan valiosas informaciones porque opinan que el cliente es suyo y no de la empresa. Un error desde esta perspectiva, aunque si no cuidamos al cliente como empresa, este puede ser más del vendedor que de la empresa».

Como se aprecia en estas opiniones, coherente y libremente expresadas, podemos entender la convivencia de ambos departamentos con independencia de su integración. Por supuesto que es un tema puramente de responsabilidades y funciones y eso es lo que define la efectividad de estos dos departamentos que cuando juegan en equipo se convierten en ataque frontal de oportunidades.

«¿Y los de marketing? ¿Cómo se sienten frente al vendedor? La mayoría de las veces infravalorados, a pesar de que invierten su talento en generar oportunidades de venta».

«Cuando las empresas crean un plan de marketing para organizar cuáles son las acciones más importantes que desarrollar dentro de la cadena de valor de sus campañas, trazan objetivos claros con el propósito de orientar sus operaciones, y evaluar en un tiempo determinado si se cumplieron o no esos objetivos. La medición entra en juego en este proceso, cuyo fin es conocer si la promoción de un contenido, producto o servicio tuvo el éxito esperado. Es bien sabido que lo que no se mide, no se puede mejorar, por tanto, cuantificar resultados se convierte en una labor muy importante para las empresas que necesiten conocer el "estado de salud" de su modelo de negocio. Se trata de contrastar cuál es el comportamiento del mercado y la receptividad de un público, antes y después de implementar una estrategia de marketing con el objetivo de analizar su efectividad».

Y esta acepción es otra de las discusiones entre ambos departamentos. El director Comercial quiere retorno de la inversión en marketing y la Dirección de Marketing tiene que medir el impacto de ciertas acciones para sacar el retorno. Sin embargo, todo es medible, y si algo no lo parece, pues tendremos que buscar los KPI adecuados. Hablemos sin salir del contexto de estos KPI.

Los KPI son una pieza importante en este proceso, ya que actúan como métricas para comparar resultados.

Los KPI, cuyas siglas en inglés significa *Key Performance Indicator*, son un conjunto de indicadores que utilizamos y desarrollamos para poder medir y cuantificar el grado de cumplimiento de nuestras acciones, todas ellas encaminadas al cumplimiento de unos objetivos. Dichos indicadores llamados y conocidos fuera del término anglosajón *indicadores de rendimiento* quedan expresados y desarrollados dentro de los planes estratégicos o de venta, adicionalmente también forman parte y se incluyen en los CdM (*cuadros de mando*). Estas métricas determinan básicamente el valor de una variable cuantitativa y cualitativa, tales como: ingresos, gastos, número de ventas, cantidad de visitas, satisfacción de clientes, etc., y de esta manera actúan como indicadores que nos muestran una información relevante precedida a una toma de decisiones. Son elementos que nos alarman sobre aspectos que no están alineados con la estrategia y es por ese mismo motivo por lo que nos *avisan* de que algo no funciona correctamente o simplemente que todo funciona según el plan previsto. Pasemos a ver algunos ejemplos de indicadores de rendimiento utilizados por los departamentos de Marketing. Entre ellos reflejamos los más comunes, pero que nos sirven perfectamente para ese codicioso retorno que la Dirección Comercial necesita:

- *Coste por clic (CPC)*. Es un indicador de rentabilidad en el que se produce un pago por cada clic que se obtiene en los anuncios. Lo realizan las plataformas o agencias de publicidad digitales, como Google AdWords o AdSense, cuando un usuario hace clic en un anuncio. Dicho de otro modo, cuando un usuario hace clic en un anuncio (dicho indicador es una muestra clara de interés) se establece un importe que en algunos casos puede llegar a dos cifras. Esta métrica puede analizarse en plataformas como Google Analytics y suele ser muy efectiva para conocer el grado de interés de un anuncio o campaña de carácter comercial. Se calcula dividiendo el gasto entre el número de clics que se han recibido.

- *Coste por interacción.* Es el indicador que nos mide la interacción conseguida o llevada a cabo por cada uno de los usuarios en una determinada página web. Para muchas compañías es muy importante medir esta actuación del usuario a través del número de páginas vistas por sesión, el tiempo que se ha mantenido el usuario en la web o el anuncio, el número de *likes* recibidos, así como las veces que se ha compartido, etc. El coste por interacción muestra la manera en que el usuario navega por una página web o acción digital y cómo actúa con la misma.

  La forma más adecuada de calcular el coste por interacción es dividiendo la cantidad gastada entre el número de veces que se ha interactuado con la página. En algunas ocasiones se pondera cada uno de los indicadores de rendimiento de este coste y se saca el resultado final, es decir, a cada interacción de las anteriormente nombradas se le otorga un porcentaje en función de la importancia que le queramos dar. Por ejemplo, el tiempo de duración en la página puede resultar más interesante que el número de *likes*.

- *Coste por adquisición (CPA).* El coste por adquisición está determinado por el coste de una acción específica en una campaña publicitaria, es decir, es el coste que se produce por la compra de un producto, de una descarga, de un conjunto de servicios o, incluso, podría ser el coste que se entiende por una atención personalizada de una acción encaminada siempre a cubrir un objetivo. Se utiliza este indicador cuando queremos enfocarnos en un punto en concreto. En el caso de una página web, podría ser la descarga de un formulario o la contestación del mismo. Es una manera de medir a aquellas personas que están interesadas en algo muy concreto.

Puede y debe convivir con los demás conceptos. Estamos hablando de métricas que en su conjunto nos dan una visión más afinada de las diferentes acciones que realizamos o del comportamiento del usuario o consumidor ante nuestra imagen, productos y servicios, o campañas de comunicación y retorno de información.

- *Retorno de la inversión (ROI)*. El ROI o también llamado el retorno de la inversión es el concepto que mide la efectividad económica de una acción en función del comportamiento adoptado por nuestros clientes ante una acción o campaña determinada. Más allá del concepto financiero, en las campañas es muy habitual medir este indicador con el fin de esclarecer el comportamiento de la acción. Hablamos de beneficio y para eso el ROI es un indicador claramente cuantitativo. Dicho de otra forma, podríamos afirmar que el ROI es el valor económico generado como resultado de una campaña o acción dentro del marketing.

    Para calcularlo, básicamente partimos de la cifra de beneficio y esta la dividimos entre el coste total, de esta forma conoceremos la rentabilidad de la campaña que hemos realizado en marketing.

- *Tasa de conversión*. La tasa de conversión se obtiene al dividir, por ejemplo, el número de ventas efectuadas entre el número de visitantes obtenidos en un periodo en concreto. Normalmente se presenta de forma porcentual e índica en este formato el grado de positividad (también conocido como *positividad*). Podemos introducir como método de conversión aquellos indicadores más delicados con el fin de medir ese grado de positividad. Por tanto, si medimos la positividad o la tasa de conversión de dos conceptos, estos deben estar objetivados y para que estén objetivados, previamente se ha tenido que realizar un ejercicio de análisis para justificar dicho porcentaje de tasa de conversión.

    El concepto de medir este indicador muestra el comportamiento positivo o no tan positivo de nuestros clientes o clientes potenciales y es determinante para supervisar nuestro plan de marketing, ya que sin plan es difícil medir absolutamente nada. Pero no estamos hablando solamente de entornos digitales. Este concepto es perfectamente válido para establecerlo en campañas fuera de ese entorno digital, e incluso como indicador en el día a día de la venta comercial. Saber el número de clientes que pasan a una tienda y lo que compran, cruzarlo en conversión y obtener porcentualmente un resultado, es una métrica magnífica para medir igualmente el comportamiento de los vendedores. Se emplea mucho dentro de las estructuras comerciales y se denomina también *mix de venta* que es el resultado, por ejemplo, de dividir el numero de productos vendidos a cada cliente. Por supuesto que es aplicable a mil conceptos más.

Las funciones de la Dirección Comercial, así como las de una Dirección de Marketing convergen en la estrategia de la compañía. Los objetivos tienen el mismo significado para ambas direcciones y trabajarlos desde diferentes perspectivas es la mejor manera de interrelacionar ambos departamentos.

Una Dirección Comercial establece y fija los objetivos de venta, los orienta, los comunica, los supervisa y pinta la estrategia en su plan de ventas. Realiza los presupuestos del departamento, establece el sistema de retribución variable y todos los procesos necesarios que requiere el proceso de la venta como por ejemplo, precios y condiciones comerciales. Desarrolla los procesos de fidelización y de la misma manera los KPI adecuados para supervisar la estrategia definida. Por tanto, tener KPI o indicadores de gestión en un departamento o en otro se hace determinante para la consecución de los objetivos de la empresa.

La mejor forma es que estos estén dentro del plan de marketing o del plan de ventas y que sean conocidos por todos los departamentos de la compañía.

Un plan de marketing debe contemplar aquellos aspectos que determinen las oportunidades de negocio analizando y desarrollando acciones para conocer a los clientes, mercado, competencia, productos, precio y distribución.

Una de las principales responsabilidades de un departamento de marketing justamente es la identificar y analizar, por eso es importante la utilización de KPI. En estos momentos el auge que hay con los productos veganos o intolerantes (por ejemplo el gluten) nos puede dar la oportunidad de identificar ciertos productos o servicios que puedan satisfacer esa importante demanda que existe hoy día en el mercado. El importante crecimiento en las compras *on-line* nos da la oportunidad de identificar modelos de negocio innovadores. La rápida transformación de las comunicaciones terrestres y su seguridad nos puede dar la oportunidad de expandirnos o externalizarnos, etc.

En cuanto a los consumidores, su análisis va encaminado en términos de tendencias, gustos, necesidades intrínsecas o extrínsecas y los mismísimos deseos de compra, así como, la actitud frente a nuestros productos o servicios. La utilización de tecnología digital y cómo se relacionan con ella y un sinfín de aspectos o conceptos que hoy día se pueden tratar con una perfecto CRM o con un Big Data adecuado.

La competencia constituye un talón de Aquiles para cualquier compañía. Dónde están, cómo se mueven, qué estrategias realizan, cómo se comunican y por qué, qué datos de mercado podemos obtener (cuotas, facturación, volumen, etc.); al público al que se dirigen, qué fortalezas y debilidades, qué amenazas representan y, por consiguiente, qué oportunidades nos crean; alianzas estratégicas y grupos de presión. Otra vez mucha información para después analizar. Sin olvidar a los competidores indirectos o paralelos, es decir, aquellos que viajan en la misma vía pero que no se suelen vigilar como fue el caso de Uber o de Airbnb. ¿Quién iba a pensar que la compañía más grande de taxis no tiene ninguno en propiedad?

El diseño de la estrategia de marketing consiste en formular, evaluar, analizar y seleccionar las estrategias específicas que permitan satisfacer las necesidades, gustos, tendencias, preferencias con la finalidad de competir adecuadamente con la competencia. Dentro del denominado *marketing mix*, estrategias para el producto podrían ir derivadas hacia incorporar nuevas características o atributos al producto, el lanzamiento de una nueva línea de producto o servicio, ofrecer servicios complementarios tales como el servicio de entrega a domicilio, formato de la presentación, etc. Estrategias para el precio incluyen, por ejemplo, analizar los precios para buscar diferenciación y exclusividad o bien por precios bajos (tipo *low cost*), o bien por precios altos para aumentar la percepción de la calidad del producto, estrategias sobre descuentos para productos nuevos o a implantar, para clientes nuevos o existentes, etc. En las estrategias para la distribución se incluye, por ejemplo, el analizar el canal de distribución más adecuado (ver canales de distribución), estudiar los costes que puede suponer escoger uno u otro a la hora de poner intermediarios en nuestros productos y servicios con el objetivo de llegar a cualquier punto o lugar en donde puedan residir nuestros clientes potenciales o nuestro *target* identificado de clientes y las estrategias de promoción en donde incorporamos todo nuestro arsenal de acciones encaminadas al cumplimiento de los objetivos.

Los procesos del marketing para un marketing eficaz y eficiente pasan por unos indicadores o conceptos que son analizados de la misma manera que el marketing mix y que se detallan a continuación:

- *Segmentación y estructuración de los mercados afines a nuestros productos y servicios:* se trata a través de matrices de segmentación de organizar una información que en muchos casos viene definida por un Big Data o CRM con el fin de poder acceder a la información que deseamos en cada momento, es decir, si necesitamos conocer que clientes han comprado en el último mes, que han repetido compra, las tendencias o gustos que tienen compartidos y un largo etcétera de información que hoy día puede considerarse como una de las herramientas más importantes para una toma de decisiones adecuada a las necesidades.
- *Investigaciones o estudios de mercado:* hay que estar al día y a través de diferentes estudios e investigaciones obtenemos toda la información relevante a nuestra estrategia de producto y servicio. Conocer lo que opina nuestros usuarios y establecer una estrategia clara tomando como referencia la Ley de la difusión de la Innovación se hace determinante para, por un lado, tener el coste o el presupuesto organizado y por otro, establecer el camino perfecto en la curva de vida que tiene un producto o un servicio. Conocer el posicionamiento de todos y cada uno de nuestros productos, estableciendo aspectos diferenciadores y exclusivos para destacar sobre el resto es un aspecto que diferencia unos departamentos de marketing de otros.

Razones más que suficientes y aunque explicadas de manera breve para entender la importancia de un departamento de Marketing. Sin embargo, existen conflictos departamentales entre ambas direcciones. Conflictos por las que la relación entre marketing y comercial en ocasiones es de alguna manera tóxica. Veamos algunos:

- La poca disposición a la hora de realizar estrategias conjuntas.
- La hermeticidad de ambos departamentos, llegando incluso a realizar acciones sin tener que comunicarlas a algunos de los departamentos, incluso sin realizar reuniones al uso.
- En general, la mala comunicación que permite que cada departamento fluya de manera aislada. Si se cumplen los objetivos, el departamento comercial es el que requiere de la medalla al mérito y el departamento de Marketing también.

Ambos quieren lo mejor para la compañía, pero la estrategia que siguen puede incluso ser tóxica para el otro departamento si esta no está alineada. Si no se cumplen los objetivos, ambos se suelen señalar con el dedo, aunque en este caso el departamento comercial es quien más sufre con esta cuestión.

Sin lugar a dudas, la relación entre marketing y ventas es un tema de inflexión, que de interrelacionarse de manera positiva entre sí, se reportarían grandes beneficios para la empresa si logran olvidar estas diferencias que son más de castillos feudales que de otra índole.

Definición de las seis etapas del embudo de marketing y ventas.

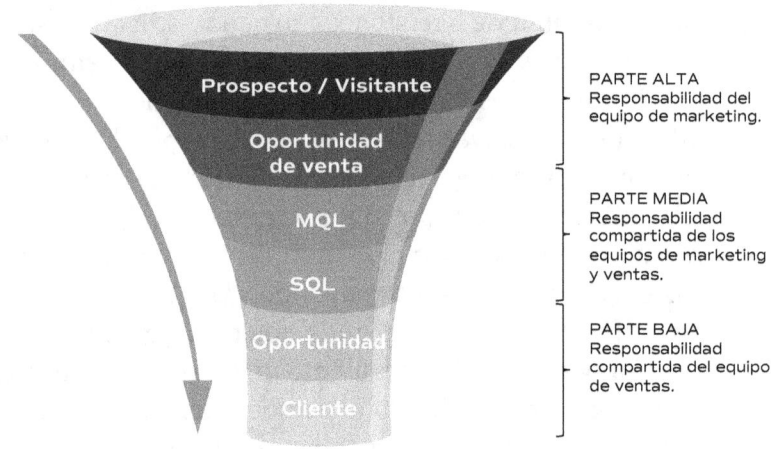

FIGURA 2.1. Embudo de marketing y ventas.

Ambos departamentos son un conjunto de esfuerzos, métricas, indicadores de desempeño, matrices de operaciones y estrategias orientadas al cumplimiento de los objetivos de la empresa. Cierto es que mientras el departamento de Marketing está focalizado en mejorar la comercialización de los productos a través de técnicas de persuasión que satisfacen los deseos y las necesidades del consumidor, el departamento de Dirección Comercial es la entidad que suministra el soporte logístico necesario para que el consumidor reciba su bien o servicio justo a tiempo, en la calidad, cantidad y valor adecuado. En este contexto, la Dirección Comercial es la responsable de que la experiencia vivida por el cliente transcurra exitosamente en la relación calidad-tiempo-precio.

La Dirección de Marketing se encarga de satisfacer los *insights* (pensamientos ocultos) que provienen del subconsciente del consumidor; en otras palabras, exalta las emociones del cliente con una experiencia inolvidable, única, diferenciada, irrepetible e irreemplazable. En tal sentido y por el factor mágico que se promociona con la venta de productos, es lógico que la dirección comercial y marketing coordinen actividades operativas, administrativas, productivas, mercadotécnicas y financieras de manera articulada y sincronizada a fin de lograr los objetivos planteados.

Este trabajo sincronizado entre ambos departamentos es crucial, debido a que la dirección comercial sin el conocimiento de las estrategias de marketing es dejar de lado las herramientas prácticas y comerciales que facilitan el cierre de oportunidades abiertas. Para el departamento de Marketing el conocimiento de la administración de ventas y del objetivo de estas podrá permitirle diseñar planes estratégicos *customizados* para el mercado o cliente particular.

Es por ello que se considera un *must* esta relación articulada porque la calidad del servicio o producto que se ofrece debe estar a la altura de las expectativas del consumidor, lo que le aportará valor a la cadena productiva de la empresa. Si una campaña de marketing vende la idea de «excelencia de la calidad» en su eslogan y la productividad de sus operaciones es deficiente, las compañías son desplazadas del mercado por falta de competitividad y cumplimiento de la calidad ofrecida. Correlativamente, se identifica un número significativo de empresas que no mantienen una coherencia entre los valores transmitidos al cliente durante el consumo del bien y el desempeño de los factores productivos, ofreciendo una expectativa al cliente por encima de sus posibilidades reales.

La crisis económica es un claro ejemplo de las graves consecuencias (pérdidas) que implica el divorcio entre las áreas de Marketing y de Dirección Comercial; muchos bancos quebraron por la falta de cooperación y cohesión entre los objetivos de las áreas financieras y las de marketing, en cuanto a la venta de créditos hipotecarios. Mientras el departamento de Marketing se las premiaba por la colocación masiva de créditos a bajas tasas de interés, en los departamentos de Finanzas se generaba una burbuja de endeudamiento ante los bancos centrales de reserva; en otras palabras, los bancos ofrecían hipotecas con tipos de interés por debajo de la tasa de encaje que debe mantener en reserva. En alusión a lo expuesto, las compañías que no mantienen un orden táctico, técnico y tecnológico uniforme para ambos departamentos, manifiestan un rendimiento productivo decreciente, factor clave en la generación de caos y riesgos de mortandad corporativa.

La ley de rendimientos decrecientes muestra que, si aumenta un factor productivo, manteniendo el resto constantes, el producto marginal decrece, llegando a provocar un verdadero problema para una compañía o empresa. Una compañía que quiera aumentar el volumen de venta con la intención de masificar su expansión geográfica no puede presionar a su fuerza de ventas en la colocación de más créditos manteniendo el mismo número de trabajadores y aumentando el número de horas laborales. El crecimiento descontrolado supone una ruina para la empresa, ya que un trabajador *overwhelmed* es menos eficiente en su rendimiento en contraposición de un colaborador feliz que tiene mejores resultados por menos esfuerzo, desgaste energético y menos horas de trabajo. Por lo tanto, las responsabilidades y decisiones delimitadas para ambas áreas deben basarse en un modelo matemático algorítmico que mida la eficiencia operativa desde las reacciones fisiológicas del ego (sentido de dominación y poder).

Las decisiones de ambos departamentos deben estar alineadas a la cooperación, cohesión y la coherencia corporativa, desarrollando un canal de comunicación multiorganizacional y descentralizado que comunique en tiempo real el comportamiento de cada variable involucrada en la gestión industrial; desde el flujo emocional y el índice de actividad metabólica del trabajador hasta el cálculo de los tiempos muertos que genera la maquinaria paralizada.

La Dirección Comercial es un departamento clave en el negocio de una empresa, ya que se encarga de cumplir los objetivos de venta de las organizaciones, lo cual genera de forma directa ganancias a la empresa. Las decisiones y responsabilidades de la dirección comercial son muy diversas y variadas, sin embargo, existen algunas que se consideran clave en el negocio, entre estas podemos citar:

- Organizar al equipo de trabajo de ventas.
- Trabajar en conjunto con las direcciones de Marketing, Logística y Fabricación en temas como la selección de canales de distribución, objetivos y planes de ventas, posibles nuevos productos, modificación de existentes, entre otros aspectos.

- Gestionar el territorio de ventas de acuerdo a los recursos disponibles de la empresa.
- Preparar visitas para valorar la calidad y eficiencia de la red diseñada.
- Evaluar la actuación de la red de ventas y así comprobar su éxito, impacto y áreas de mejora.
- Diseñar un servicio de postventa, para darle seguimiento al cliente y así comprobar la satisfacción de este con el producto o servicio adquirido.

Lo que viene a llamarse primera línea de combate o buscando un significado más fresco, el último metro hacia el cliente.

ACTIVIDADES DE LA DIRECCIÓN COMERCIAL

La Dirección Comercial por su lado ejerce un rol muy relevante en el negocio de una organización, ya que en este departamento se desarrollan estrategias y planificación de productos y servicios, posibles promociones, y publicidad en general, ya sea de un producto o servicio, o de la empresa como tal.

Dirección Comercial						
Supervisa al departamento Comercial y la ejecución de estrategias.	Planifica las actividades de los vendedores y gerentes de Ventas.	Lidera los proyectos que involucren un cierre comercial grande.	Escucha a su personal y el mercado circundante.	Participa en la estrategia de precios / marketing.	Selecciona las principales actividades y oportunidades.	Gestión de cobros en relación con el departamento de Créditos de Cobranzas.

Figura 2.2. Dirección Comercial.

Existen funciones o responsabilidades clave que ejecuta este departamento y que de las que se ha hablado anteriormente. Análisis, por ejemplo, el entorno en que nos desarrollamos hoy en día es muy cambiante y competitivo, esto es algo que una dirección de marketing lo tiene bien entendido, por tanto, dicho entorno debe someterse a un análisis exhaustivo que le permita adaptarse a estos constantes cambios:

- *Planificación y organización de su actividad.* De tal forma que las decisiones tomadas sean exitosas y de gran beneficio para la empresa.

- *Ejecución.* Una vez planteadas las estrategias anteriores, se deben ejecutar y así materializar las decisiones tomadas, ojalá de la forma más oportuna que le traiga beneficios a la empresa.
- *Control.* Con el control se busca comprobar el logro de los objetivos trazados, y con esto evaluar el éxito de las decisiones tomadas, qué corregir, qué mantener igual y qué modificar gradualmente, por ejemplo.
- *Innovación.* Aspecto crucial del marketing, lo cual permitirá el desarrollo y mejora de elementos existentes, los cuales, depurados con éxito, le traerán amplios beneficios al negocio.

ACTIVIDADES DE LA DIRECCIÓN DE MARKETING

La intención es la cooperación y es cierto que los perfiles de ambos departamentos son diferentes pero que, sin lugar a duda, ambos representan el *core* de una política comercial para alcanzar los objetivos.

Dirección de Marketing						
Crea el plan de marketing.	Planifica estrategias, corto, mediano y largo plazo (precio, producto, servicio).	Gestión de presupuesto.	Seguimiento de la rentabilidad de la compañía.	Investigación de mercado incluyendo análisis de la competencia.	Se orienta para garantizar el marketing mix.	Genera campaña, actividades alineadas a los objetivos corporativos.

Figura 3.3. Dirección de Marketing.

Cabe destacar con estas simples responsabilidades y funciones destacadas en este capítulo que hay diferencias en cuanto a la gestión de ambos departamentos y por eso no podemos llamar a las peras manzanas y a las manzanas, peras. Este libro destaca todo lo relacionado con la Dirección Comercial y es por ello por lo que nos centraremos en ello ya que como hemos podido ver la Dirección Comercial trabaja en el último metro hacia el cliente, y, por consiguiente, sus planes de actuación, análisis y desarrollo distan de una Dirección de Marketing.

Sin ánimo de ofender, he podido ver programas en escuelas de negocios de Dirección Comercial en donde el contenido estaba expresamente relacionado con lo visto en este capítulo sobre el marketing. Si tenemos claro y así, al menos, lo hemos reflejado en este apartado, que ambas direcciones tienen sus componentes de negocio diferentes, entonces no sigamos provocando confusión.

Hablemos de Dirección Comercial.

Capítulo 3

Canales de distribución

INTRODUCCIÓN

El *marketing mix* de una empresa engloba la definición de un conjunto de políticas a nivel de las principales variables de marketing: producto, precio, promoción y distribución. Concerniente a la última variable, se podría decir que es la manera que tiene una empresa para enviar sus productos o servicios desde su origen hasta el usuario final. Este aspecto asume una importancia relativa, en la medida que la eficiencia de la distribución se torna en un factor crítico de éxito para las actividades de cualquier compañía.

El *canal de distribución* es la vía por donde circulan nuestros productos y servicios, es decir, desde nuestro lugar de origen, siendo este una fábrica o simplemente un almacén, hasta el consumidor o usuario final. No hay que confundirlo con *canal comercial*, el cual queda detalladamente definido en el Capítulo 5. Si hablamos de canal de distribución, entenderemos que es la vía que utilizamos para hacer llegar nuestros productos y servicios al consumidor o usuario final y que para que estos lleguen se decide sobre diferentes niveles de actuación que más adelante detallaremos.

Saber y conocer los aspectos relativos a los canales de distribución y cómo pueden influir para ser un perfecto aliado del negocio puede convertirse en una magnífica diferenciación entre el crecimiento de la facturación y el aumento de costes. En primer lugar, debemos recordar que la manera en que las personas realizan sus compras actualmente difiere de cómo se hacía antes y posiblemente difiera de cómo se hace en la actualidad. Los cambios en los gustos, tendencias y demás factores que emplea un consumidor hace que sea necesario adaptarse a lo que se llama «el radar de los clientes». El canal de distribución tiene por obligación que ir adaptándose y tomando la forma más conveniente a estas tendencias o gustos de nuestros clientes existentes y potenciales. Por ejemplo, el crecimiento de la confianza que día a día alcanzamos con las compras *on-line* hace que los canales de distribución se acorten en sus diferentes niveles y se necesiten menos intermediarios que antaño, pero esto no significa que canales más cortos sean más eficientes en términos de costes o beneficios. Escoger el canal de distribución adecuado es una tarea que le corresponde a la estrategia de la Dirección Comercial aplicar y desarrollar.

El simple hecho de escoger el canal de Distribución afecta a la integración de canales de la compañía. Un canal corto puede estar influenciado por una estrategia vertical o incluso horizontal, de ello hablaremos más adelante.

Hoy, los consumidores tienden a racionalizar el tiempo que pasan con sus compras. Existen, por ejemplo, clientes que prefieren gastar más y recibir su compra rápidamente que ahorrar y tener que esperar días por su pedido. Pero partir de la premisa de que los canales de distribución son la manera de hacer que el producto llegue lo más rápido posible a las manos de los clientes puede llegar a ser un grave error. Efectivamente el suministro eficaz de los productos y servicios juega un papel fundamental en la estrategia de una Dirección Comercial. Conocer las preferencias de nuestros clientes es determinante a la hora de escoger el canal de distribución más adecuado, pero atendamos a algunas circunstancias que también debemos tener en cuenta. La fábrica de coches Ferrari escoge estratégicamente un canal de distribución directo o de nivel cero. Sin embargo, el cliente ha de esperar por tener el coche en sus manos. Esta espera exclusivista le da al cliente una diferenciación por el producto y le genera un estatus de bienestar condicionado por la marca Ferrari. Decir «me he comprado un Ferrari y me lo entregan en cuatro meses» le otorga al cliente un sentimiento de pertenencia muy exclusivo o dicho de otra manera, no he oído a nadie quejarse por esta espera, mientras que con otras marcas de coches sí que he podido percibirlo.

El canal de distribución decide los intermediarios que tendrán nuestros productos y servicios. Esperar a recibir la mercancía en un tiempo indicado tiene que ver más con la estrategia de la marca y, por supuesto, con el perfil de nuestro cliente. Estos aspectos viajan juntos, pero son diferentes en cuanto a sus conceptos. Un canal de nivel 2 o 3 puede incluso en ocasiones ser más eficaz que uno de nivel cero en términos de tiempos de espera y en términos de costes y beneficios estratégicos.

Sin embargo, el factor financiero no puede ser, simplemente, abandonado. La preocupación de un cliente no es en términos generales pagar un poco más por conseguir obtener un producto en corto espacio de tiempo, pero tampoco lo es el percibir que están abonando cantidades por encima de lo que ellos estiman por comprar y recibir un producto o servicio. Por otro lado, las empresas evidentemente asumen costes con los canales de distribución, por lo que la estrategia sobre cómo actuar a través de los canales de distribución es de extrema importancia y en este aspecto el coste que produce un canal de distribución cero no tiene por qué ser más asequible y barato que uno de nivel 2 o 3.

«Por consiguiente, la vía en que distribuimos nuestros productos y servicios es una variable comercial o de marketing que permite poner en contacto el sistema de producción con el de consumo de forma adecuada; es decir, el canal de distribución tiene como misión poner el producto a disposición de los consumidores en la cantidad, el lugar y el momento apropiados, y con los servicios necesarios. El cumplimiento de este objetivo justifica la existencia de un sistema de intermediación entre la empresa productora (producción) y el consumidor (consumo), que se denominará sistema de distribución comercial» (Parreño y Ruiz, p. 149).

FUNCIONES DEL CANAL DE DISTRIBUCIÓN

«Los integrantes o intermediarios del canal de distribución realizan distintas funciones y tiene responsabilidades definidas y normalmente contractuales para satisfacer las expectativas de los consumidores o usuarios finales, algunas de las cuales ayudan a completar transacciones» (Kotler y Armstrong, 2013).

FUNCIONES	DESCRIPCIÓN
Información	Informan sobre actores y fuerzas del entorno (competencia).
Promoción	Promocionan los productos en el mercado.
Contactos	Proporcionan una red de contactos a las empresas.
Adecuación	Preparan y habilitan la mercadería para su despacho.
Negociación	Llegar a un acuerdo respecto al precio y a otros términos de la oferta.
Distribución física	Almacenan, transportan y distribuyen las mercancías.
Financiamiento	Financian el proceso de intercambio comercial.
Asume riesgos	Aceptan los riesgos inherentes de la operación.

Fuente: Basado en Velásquez, Elizabeth (2012). *Canales de Distribución y Logística*, p. 48. México: Red Tercer Milenio.

TABLA 3.1 Funciones del canal de distribución.

CLASIFICACIÓN Y/O NIVELES DE LOS CANALES DE DISTRIBUCIÓN

Canal directo – Nivel 0 (productor/fabricante – consumidores)

Sin intermediarios; el productor o fabricante desempeña gran parte de las funciones como: comercialización, transporte, almacenaje y aceptación de riesgo.

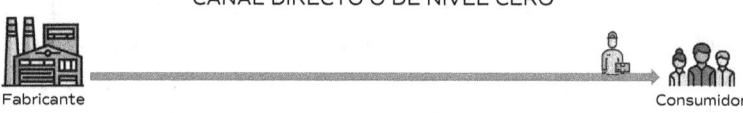

FIGURA 3.1 Canal directo o de nivel cero.

Un canal indirecto o de nivel cero es aquel que no usa intermediarios que manipulen o modifiquen el producto. Es importante entender que una empresa de logística, que lleva nuestros productos por ejemplo de un punto A a otro B, no representa un nivel en la cadena de distribución. En los niveles utilizados en el canal de distribución no se tiene en cuenta estos aspectos. Por ejemplo, un mayorista que tiene un almacén y sus clientes son tiendas, si los productos que vende a las tiendas los lleva directamente, con independencia del medio o medios de transporte que escoja y estas a su vez hacen llegar los productos al consumidor final mediante la venta que produce las mismas, pero estas reciben el producto, lo manipulan, lo exponen, lo llegan a tocar, hablamos de un canal de nivel 2.

En ocasiones también están segmentados en canales directos y canales indirectos. Los directos son los cortos de nivel 0 y los indirectos los largos de nivel 2 en adelante.

Ejemplos de canales cortos o de nivel 0 son bancos, internet, seguros y aquellos productos de exclusividad y diferenciación definida como por ejemplo hacerse un traje a medida o la compra de un Ferrari como antes mencionamos.

Canal detallista – Nivel 1 (productor/fabricante – detallistas – consumidores)

Cuentan con intermediarios (detallistas o minoristas) como principal alianza estratégica de la dirección comercial que se encarga de atender a los mismos a través de los canales comerciales establecidos. Estos a su vez, venden al consumidor o usuario final el producto o servicios por sus canales estratégicos comerciales.

En este caso el producto sufre una supuesta «manipulación» por el intermediario y eso es motivo de considerar al mismo como un eslabón más del canal de distribución.

FIGURA 3.2 Canal indirecto corto.

Ejemplos de canales indirectos, cortos o de nivel 1 son *e-commerce*, grandes almacenes, grandes superficies o aquellos fabricantes de coches que se salen de la exclusividad indicada anteriormente.

Canal mayorista – Nivel 2 en adelante (productor/ fabricante – mayoristas – detallistas – consumidores)

Tienen a los mayoristas (ventas al por mayor a otras empresas) y detallistas como sus principales aliados. Este canal es idóneo para la distribución de medicamentos, alimentos, etc. que son de gran demanda, los cuales tiene que abarcar un mayor número de consumidores.

Ejemplos de canales indirectos largos de dos o más niveles son: los relacionados con la hostelería, tiendas de conveniencia y de barrio, importadores, franquicias...

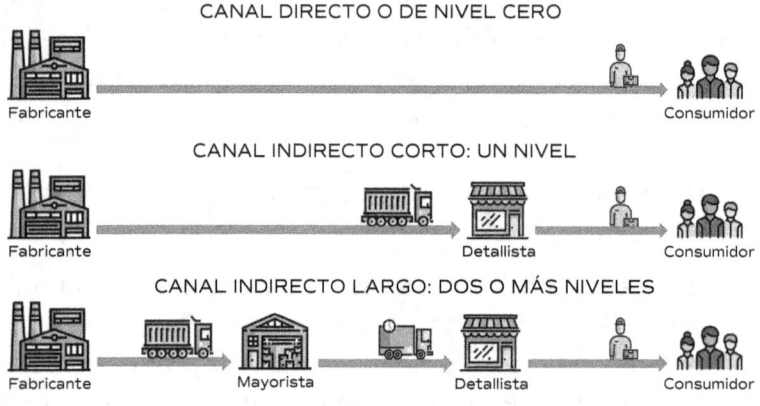

FIGURA 3.3 Canal indirecto largo.

Existen otras segmentaciones para detallar los canales de distribución y aunque con lo comentado anteriormente sería suficiente para poder identificar los canales utilizados, cabe mencionar algún otro:

Canal agente/intermediario – Nivel 4 (productor/ fabricante – agentes intermediarios – mayoristas – detallistas – consumidores)

Los agentes intermediarios, mayoristas y detallistas cuentan con la capacidad de hacer llegar el producto a todo el mercado consumidor, que el producto con su propia capacidad no alcanzaría a abarcar. El agente intermediario, es una firma comercial que buscan clientes o ayudan a establecer lazos comerciales, sin contar con actividad productiva o titularidad de los productos que ofrecen. Normalmente se usa cuando el mercado está constituido por muchos pequeños fabricantes y muchos comerciantes detallistas que carecen de capacidad para encontrarse unos a otros, según Fischer (Fischer y Espejo, 2011).

ESTRUCTURA DE LOS CANALES DE DISTRIBUCIÓN: CASO JAPÓN VS. ESTADOS UNIDOS

Los ejecutivos se enfrentan a un conjunto de aspectos relacionados con la selección de canales, estos aspectos no son distintos si hablamos de distribución local o internacional, pero sí difieren en el esquema de canales utilizados y tipos de canales alternativos. Cada mercado tiene su propia estructura de distribución que reflejan la competencia existente, características propias del mercado, tradición, aspectos culturales y el desarrollo económico de cada localidad o región.

Las estructuras de canales van desde aquellas con poco desarrollo de infraestructura, como muchos mercados emergentes (Latinoamé-

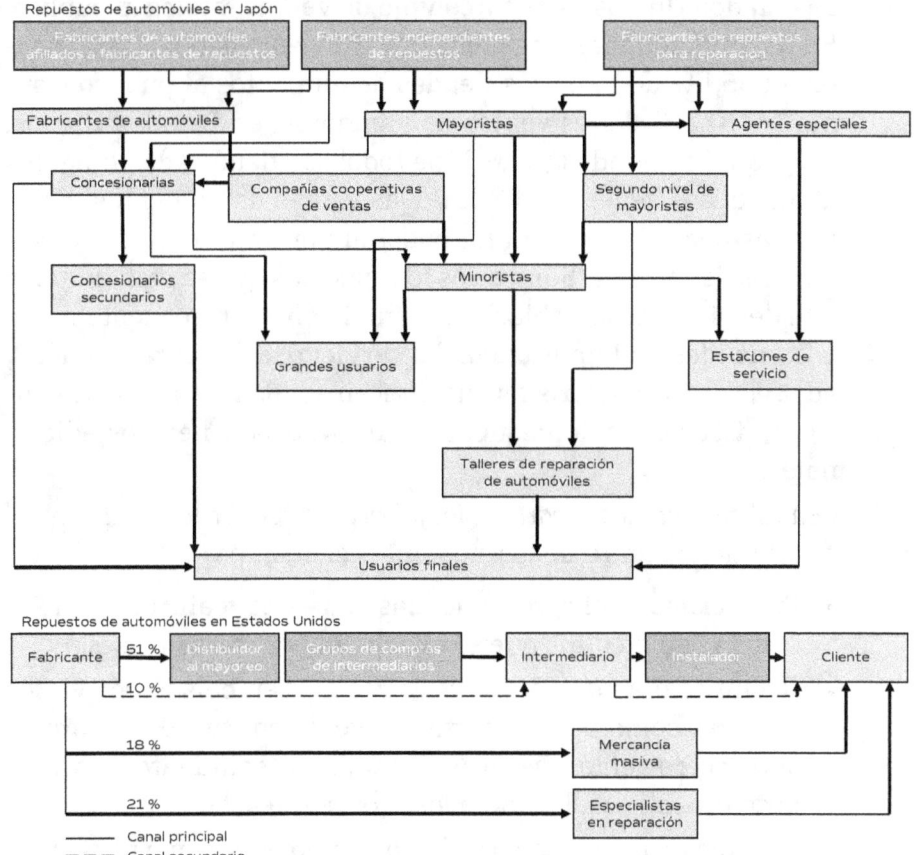

Fuente: Philip Cateora, *Marketing Internacional*, 14.ª ed., pág. 402.

FIGURA 3.4. Estructura de Canal de Distribución - Japón vs. Estados Unidos.

rica), hasta sistemas de alta complejidad y múltiples capas como las de Japón.

La organización, estructura y cultura de la distribución en el país nipón dista mucho de la que existe hoy día en Europa y Estados Unidos. Quien tome la decisión de entrar a formar parte de esta estudiada y cuidadosa estructura, debe analizar ciertos aspectos que pueden ser garantes de una perfecta estrategia de externalización de productos. El sistema de distribución japonés tiene cuatro características que lo distinguen:

1. *Una estructura mayormente dominada por pequeños intermediarios relacionados a la vez con pequeños minoristas.* La gran diferencia entre las tiendas pequeñas de Japón en comparación con las de Estados Unidos es el porcentaje de ventas totales al público. En Japón las tiendas pequeñas (9 a 10 empleados), representan el 95,1 % de todas las tiendas de alimentos al público y suman el 57,7 % de las ventas de alimentos; en Estados Unidos, las pequeñas tiendas (69,8 % de todas las tiendas de alimentos al menudeo) generan 19,2 % de las ventas de alimentos. Estas tiendas pequeñas juegan un papel importante para los consumidores japoneses. Son varios los aspectos que se combinan: la alta densidad de la población, la tradición de ir frecuentemente a las tiendas, la importancia del servicio, la frescura y calidad, además de los mayoristas que ofrecen ayuda financiera, las entregas frecuentes de pequeños lotes y otros beneficios adicionales.

2. *Control de canales por parte de los fabricantes-productores.* El control se mantiene dentro de los siguientes elementos,

    - Financiación del inventario. Las ventas se realizan a consignación con créditos que se extienden por varios meses.
    - Reembolso acumulativo. Se ofrecen reembolsos por varios motivos, como pagos oportunos, venta en cantidad, logro de objetivo de ventas, servicios extra, mantenimiento de inventario específicos, lealtad a los proveedores, etc.
    - Devolución de mercadería. Toda la mercadería que no se haya vendido se puede devolver al fabricante.
    - Apoyo promocional. Los intermediarios reciben materiales de promoción en puntos de venta, programas de educación a

gerentes de tienda, demostraciones y promociones en tienda y demás apoyos a los vendedores.

3. *Filosofía de negocio arraigada de una cultura especial.* Al margen de los lazos económicos y dependencia por las costumbres comerciales que se generan, resalta a la luz la filosofía de negocios orientada a la lealtad, armonía y amistad. Este sistema de valores fomente relaciones a largo plazo entre el vendedor y el proveedor que son difíciles de modificar mientras cada parte perciba una ventaja económica. El socio tradicional, la persona de confianza, generalmente tiene la ventaja.

4. *Leyes que protegen a la base del sistema (pequeño minorista).* La nueva Ley de Ubicación de Tiendas Grandes de Venta al Público de junio de 2000 es más flexible que su antecesora Ley de Tiendas Grandes de Venta al Público (Ley Daitenho). Esta nueva ley permite la apertura (más flexible) de los grandes vendedores cerca de las tiendas más pequeñas, de igual manera la restricción en el número de días que una tienda debe estar cerrada fue abolida. Sin embargo, el Gobierno tiene la autoridad de impedir la construcción de la tienda cuando considera que un proyecto aumentará la contaminación, tráfico, congestión o ruido.

A pesar de ello, el cambio de actitudes entre muchos de los consumidores japoneses está comenzando a debilitar el dominio que tienen las tiendas tradicionales en el mercado.

PLATAFORMAS PARA LA MEJORA DEL SISTEMA DE SUMINISTROS

1. *Plataforma de consolidación (PC).* Se utilizan mayormente cuando hay varios envíos pequeños ubicados en distintas zonas para un destino ubicado generalmente a gran distancia (véase Figura 3.5).

    Eficiencia de una plataforma de consolidación: El uso de la PC es eficiente si los ahorros en fletes logrados son mayores a los costes de operación de la PC.

2. *Plataforma de expedición (PE).* Esta plataforma se encarga de recibir los pedidos en una única zona y luego redistribuirlos a distintos puntos destino.

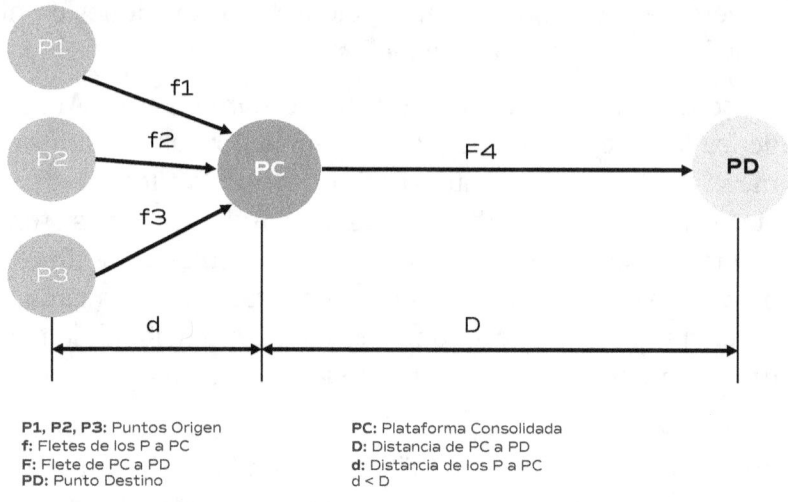

FIGURA 3.5 Esquema de Plataforma de Consolidación.

Eficiencia de una plataforma de expedición: El uso de la plataforma de expedición es eficiente si los ahorros en flete logrados son mayores a los costes de operación de la PEA.

3. *Plataforma cross-docking:* Esta plataforma es ideal para cuando tienen múltiples puntos de origen con envío pequeños que deben entregarse a múltiples puntos de destino.

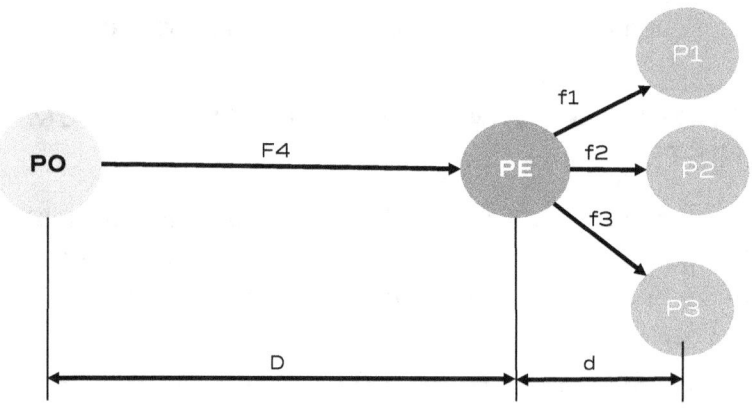

FIGURA 3.6 Esquema de Plataforma de expedición

Eficiencia de una plataforma cross-docking: Implementar una plataforma *cross-docking* será eficiente, siempre y cuando los ahorros logrados en los fletes sean mayores que los costes de operar la instalación de *cross-dock*.

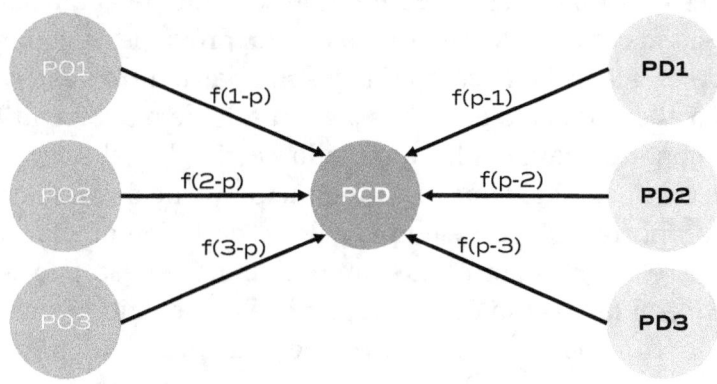

PCD: Plataforma *Cross-Docking*
PD1, PD2, PD3: Puntos destino
f (i-p): Flete de origen i, a plataforma *cross-dock* (p)
f(p-j): Flete de plataforma *cross-dock* (p) a destino j

FIGURA 3.7 Esquema de Plataforma *cross-docking*.

LA INTEGRACIÓN VERTICAL Y HORIZONTAL

Los eslabones de un canal pueden combinarse en forma horizontal y vertical bajo la administración de un líder de canal. La combinación puede reducir costes y aumentar la coordinación de los miembros del canal, es lo que se denomina integración vertical o integración horizontal. Como anteriormente describíamos, la elección del o de los canales de distribución (ya que en una misma compañía si existen varios modelos comerciales, también pueden existir varios canales de distribución) afecta de manera directa a la integración de la compañía.

Antes de pasar a la explicación de la integración de los canales, hablemos de un ejemplo para entender la influencia que tiene la elección de un canal determinado en la integración de los canales.

El Grupo Inditex con la marca Zara como estandarte, diseña, fabrica, distribuye y comercializa sus productos sin ningún tipo de intermediarios. Nadie ni nada interfiere en el proceso desde que se diseña una prenda hasta que esta llega a sus propias tiendas. Esto sería un claro ejemplo de una integración vertical en toda regla.

En microeconomía y dirección estratégica, la *integración vertical* es una teoría que describe un estilo de propiedad y control. Las compañías integradas verticalmente están unidas por una jerarquía y comparten un mismo dueño. Generalmente, los miembros de esta jerarquía desarrollan tareas diferentes que se combinan para satisfacer una necesidad común. Esa necesidad común proviene de generar economías de escala en cada compañía y sinergias dentro de la corporación. Todo ello traducido en la búsqueda tanto de mayores utilidades como de generar mayor valor agregado partiendo del sector primario, hasta el consumidor final. La integración vertical contrasta con la integración horizontal. Un ejemplo clásico de la integración vertical es el de las empresas petroleras: una misma empresa puede reunir bajo su control tareas tan disímiles como la exploración, perforación, producción, transporte, refinación, comercialización, distribución comercial y venta al detalle de los productos que procesa. En el campo de la agroindustria también son muy frecuentes los casos de integración vertical. Una empresa azucarera, por ejemplo, puede estar en manos de una compañía que tiene sus propias plantaciones de caña de azúcar, sus ingenios o centrales azucareras, fábricas de ron y de otras bebidas y licores, sus marcas comerciales y sus propios medios de transporte. La integración vertical, por tanto, es tener el control de todo un proceso desde la fabricación hasta la comercialización hacía el usuario de un producto o servicio.

Muchos fabricantes de vehículos han adoptado esta estrategia con el fin de garantizar que todos los componentes de un vehículo sean suministrados en tiempo y forma y no dejar en manos de proveedores la fuerza de una negociación. Por ello algunas de ellas han montado o comprado empresas de vidrios y otras son importantes accionistas de empresas de neumáticos. Coca-Cola ha comprado en algunos países embotelladoras para garantizar y minimizar el poder negociador con sus proveedores y, por supuesto, para tener el volumen de botellas deseadas.

Existen tres variedades de integración vertical: integración vertical hacia atrás, hacia delante y compensada.

En la *integración vertical hacia atrás*, la compañía crea subsidiarias que producen algunos de los materiales utilizados en la fabricación de sus productos. Por ejemplo, una compañía automovilística como comentamos anteriormente puede poseer una empresa de neumáticos, una de vidrio y una de acero o aluminio. El control de estas subsidiarias se justifica para crear un suministro estable de materiales y asegurar una calidad constante en el producto final.

En la *integración vertical hacia delante*, la compañía establece subsidiarias que distribuyen o venden productos tanto para los consumidores como para su propio consumo. Como ejemplo, sería un estudio de cine que poseyera una cadena de salas donde proyectar sus películas.

En la *integración vertical compensada*, la empresa establece subsidiarias que le suministran materiales a la vez que distribuyen los productos fabricados.

El objetivo de una integración vertical no solo pasa por tener el control (absoluto en algunas ocasiones) de toda la cadena desde la fabricación hasta la comercialización, sino también el tener garantizado ciertos suministros fundamentales para la fabricación de sus productos y minimizar el impacto del poder en las negociaciones con sus proveedores quienes pueden desmarcarse contractualmente de un cliente e irse a otro con acuerdos interesados y que pueden perjudican enormemente a una compañía. ¿Qué pasaría si Coca-Cola no tuviese en su *stock* botellas suficientes? ¿Y si en una cadena de vehículos faltasen las lunas? El impacto sería brutal de cara a la imagen de la marca.

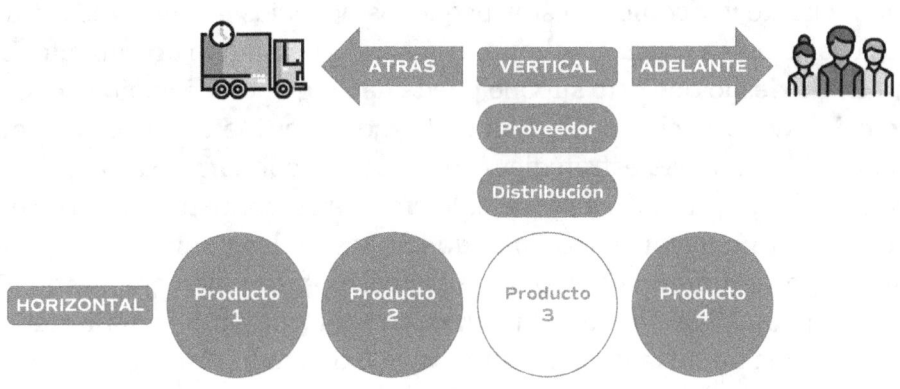

FIGURA 3.8 Ejemplo de integración vertical y horizontal.

Dominar o ser el dueño de todo el proceso ya hemos visto que genera ante todo tranquilidad en la fabricación y en la gestión de los productos y servicios que ofrecemos a nuestros clientes. Y empresas de determinado prestigio que compiten por llevarse el trozo más grande del pastel no se la juegan con sus clientes. ¿Pero si somos una micropyme o simplemente tenemos un pequeño negocio, cómo podemos invertir en integración vertical? Es una muy buena pregunta. Normalmente los pequeños negocios son subsidiarios de negocios más grandes. Podemos tener tiendas y compramos nuestros productos a fabricantes o mayoristas. Podemos ser agentes intermediarios de servicios y, por tanto, estos son gestionados en su origen por la empresa matriz. Se ve en alguna ocasión cómo negocios pequeños se integran en una gran compañía realizando ciertos servicios para esta, a veces monopolizando el control de la pequeña empresa. Pero también existen negocios en donde se producen o se fabrican productos y servicios. Por regla general, cuando somos pequeños estamos integrados verticalmente, es decir, lo hacemos todo por temas de costes. Hago el pan y lo vendo en mi tienda. Realizo un determinado *software* o aplicación y me encargo de llevarlo al usuario o consumidor final. El hecho lo encontramos cuando vamos creciendo y necesitamos de intermediarios para tener mayor capacidad. Sin duda ese es el momento de analizar lo que realmente necesitamos.

Imaginemos un pequeño negocio de una panadería que no fabrica el pan (algo muy común). Recibe todos los días de una panificadora el pan y el establecimiento lo vende. Hasta aquí la alianza estratégica es correcta, pero qué ocurre si hay algún problema con la distribución. Es frecuente ver cómo en estos pequeños negocios las alianzas estratégicas no están contractualmnete recogidas en ningún documento. El grado de riesgo que esto supone puede hacer que un pequeño negocio se caiga de la noche al día. Sin embargo, este tipo de negocios han construido alianzas estratégicas muy fuertes con empresas de masa congelada. El proceso es sencillo, la empresa suministra un horno de pequeñas dimensiones (comparado con los de las panificadoras), de manera gratuita en la mayoría de los casos, y lo único que vende es la masa con el fin de que el pequeño establecimiento se fabrique el pan en función de la demanda que vaya existiendo. Esto es una integración vertical subsidiaria y un ejemplo de que un pequeño negocio puede realizar integraciones igualmente. Este mismo ejemplo se ve en otros pequeños negocios, sobre todo de hostelería.

Apple es un perfecto ejemplo de integración vertical, al igual que Zara, Amazon (sin ser fabricante) y Coca-Cola tal como apuntamos anteriormente. Apple tiene como máxima el statu quo y la experiencia de cliente y esto los lleva a tener un perfecto control de la cadena

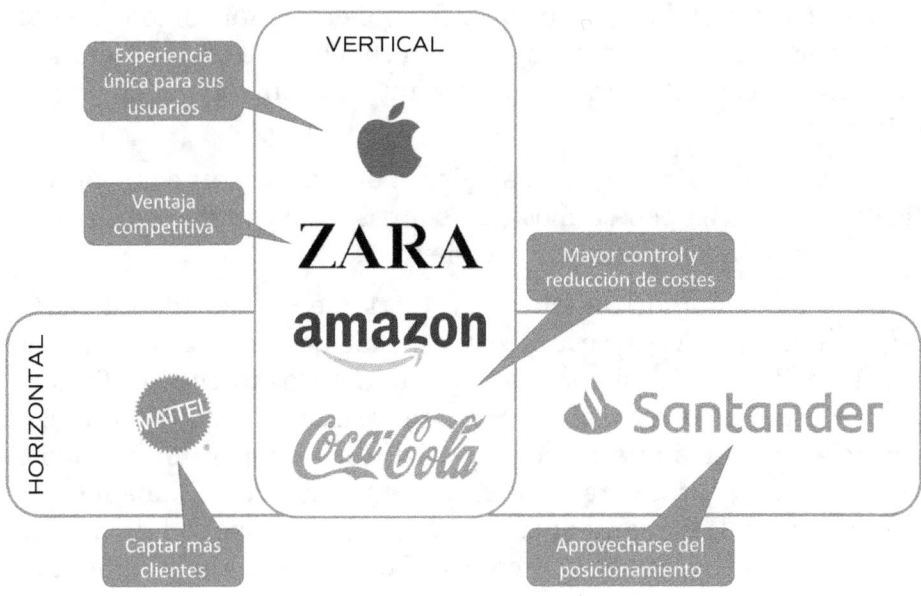

FIGURA 3.9

de producción y comercialización de sus productos y servicios, estos últimos a través de Apple Store. Es cierto que utilizan igualmente intermediarios para comercializar sus productos. Estos intermediarios suelen ser compañías de telefonía que a través de sus *call center* (centros de atención telefónica) o sus tiendas distribuyen el producto al consumidor final. Por un lado, vemos que utilizan diferentes canales de distribución y por otro la representación de una integración vertical. Entonces, ¿cómo pueden tener una integración vertical si cuando utilizan canales más largos de distribución, entran otros *players*? Sencillamente porque asumen la supervisión de estos productos puestos en manos de otros intermediarios y lo hacen contractualmente, es decir, que en el proceso tengan que utilizar canales de distribución más largos, no significa que no tengan un control muy exhaustivo de cómo llega el producto al consumidor final. De hecho, muchas de las dificultades de vender un producto de Apple pasan justamente por negociaciones con la marca que pueden llegar a dificultar la distribución de sus productos. Pero Apple lo tiene claro, y así siempre se ha mostrado. Su estrategia es clara respecto a la integración vertical y aunque utilice a subsidiarios, ellos quieren y deben tener el control y la supervisión de como tienen que llegar sus productos al consumidor o usuario final.

Zara (Grupo Inditex) es otro perfecto ejemplo tal como comentamos anteriormente y Amazon juega en esta liga de una manera muy proactiva, ejecutando una magnifica integración vertical sin ser fabricante.

Estos y otros ejemplos nos ayudan a entender la integración vertical y como se ha podido mostrar es un aspecto estratégico determinante para una buena dirección comercial.

La integración horizontal es una teoría de propiedad, autopertenencia y control. Es una estrategia utilizada por una corporación que busca vender un tipo de producto en numerosos mercados. Para alcanzar esta cobertura de mercado, se crean multitud de empresas subsidiarias. Cada una comercializa el producto para un segmento de mercado o para un área diferente. Esto es lo que se llama integración horizontal de marketing. La integración horizontal de producción se produce cuando una compañía tiene plantas en diferentes puntos produciendo productos similares. Es mucho más común la integración horizontal en marketing que en producción. Contrasta con la integración vertical que es más común en producción que en marketing.

GAP Inc., corporación de venta de productos textiles, constituye un buen ejemplo de un negocio que practica la integración horizontal. GAP Inc. controla tres compañías distintas, Banana Republic, Old Navy, y la marca GAP propiamente dicha. Cada compañía posee tiendas que venden prendas diseñadas para satisfacer las necesidades de diferentes grupos. Banana Republic vende ropa de más alto coste con una imagen de gama alta, las tiendas GAP venden ropa de precios moderados que se dirigen a hombres y mujeres de todas las edades, y Old Navy vende prendas baratas orientadas especialmente a niños y jóvenes, sin excluir el resto de las edades. Utilizando estas tres compañías, GAP Inc. ha tenido mucho éxito controlando un amplio segmento de la venta minorista en el sector textil.

La integración horizontal es una estrategia que adopta una compañía cuando busca ofrecer sus productos o servicios en diferentes mercados. Al igual que en el caso de integración vertical, se trata de una opción existente en la dirección estratégica de empresas a la hora de plantear el crecimiento de las mismas.

Puede suponer un complemento a la integración vertical y así lo podemos ver en empresas integradas de las dos maneras como es el caso de Coca-Cola, la cual compró Jugos Del Valle con el objetivo de ofrecer producto sen nuevos mercados con un *target* de clientes ya identificados. De esta manera la empresa puede vender productos en nuevos mercados y esto es un crecimiento para la compañía.

Estas adquisiciones o fusiones se realizan principalmente para aumentar la presencia en el mercado y para reducir en muchos casos la presencia de competidores. De esta manera se abre la posibilidad de abrir más canales de distribución y esto mejora eficientemente la estrategia de una compañía. Adicionalmente es una perfecta estrategia para iniciar la actividad de la empresa en otros países o simplemente aumentar el *target* de clientes y la cuota de mercado.

Telefónica entra en el Reino Unido adquiriendo la compañía de telecomunicaciones O2. La compra permitiría a la empresa española entrar en dos de los mayores mercados de telefonía móvil de Europa, el del Reino Unido y Alemania, donde O2 era el tercer mayor operador. El papel desempeñado por la compañía española de telecomunicaciones fue sublime, considerando que los británicos Virgin Media (Liberty Global), Sky y Talk Talk, con una cuota de mercado similar cada uno, y el francés Iliad, eran cuatro operadores que, según los analistas, estaban interesados en comprar O2. Todos ellos solo tenían infraestructura para operar en el negocio fijo (ADSL y fibra óptica). Al adquirir el negocio británico de Telefónica podrían conformar una oferta convergente (fijo, móvil, internet y televisión) para competir con British Telecom.

Dada la singularidad de la operación, los intereses de Telefónica en esta integración horizontal también podrían haber sido otros. Lo importante es que Telefónica consigue abrirse paso en un mercado muy duro y complicado integrándose horizontalmente.

Sucedió lo mismo con el Banco Santander y la adquisición del Abbey Bank inglés. El Banco Santander estableció una estrategia de Integración no invasiva pues esto es un aspecto de riesgo cuando se producen adquisiciones fuera del país de origen. La marca Abbey convivió con el color del Santander y con el logo por un tiempo, hasta que la adaptación del cliente no se viese afectada por tal compra y la marca, el color y el logo del Banco Santander fueron los que finalmente quedaron reflejados en poco tiempo. Estrategias de implantación y de desarrollo en la integración horizontal son vitales para garantizar un perfecto éxito de la estrategia horizontal. En estos ejemplos dicha estrategia se llevó a cabo con el máximo cuidado y rigor, pero ambas tuvieron aspectos diferenciadores debido a determinados condicionantes o indicadores de los sectores en donde competían.

Es posible observar también cómo empresas que realizan adquisiciones o fusiones no realizan una intrusión de la marca y juegan en el mercado con varias marcas, incluso dentro del mismo sector. La compañía de juguetes estadounidense Mattel adquirió por 1000 millones de dólares la también firma juguetera Fisher Price. La integración de las dos empresas estadounidenses daría origen a un gran grupo. A pesar de ello, Mattel con Fisher Price se situaban en el segundo lugar del ranking sectorial de su país tras la firma Hasbro, cuya cifra de negocios era de 2540 millones de dólares. Tyco Toys, por su parte, se quedaba en tercer lugar de esa clasificación, aunque a mayor distancia que la que estaba hasta ahora.

Una integración de este calado cambia el horizonte empresarial del sector, mejor posicionamiento dentro del mismo sector, más clientes, más poder frente a la competencia, razones de peso para entender una integración horizontal.

Mattel es el productor de las muñecas Barbie y de los muñecos de Disney, mientras que Fisher Price está especializada en el segmento de bebés y niños de corta edad. Razones más que suficientes para entender el alargamiento de los canales y el posicionamiento del *target* del cliente frente a las dos marcas ahora bajo el paraguas de un grupo.

Integrarse de manera horizontal es una estrategia como hemos apuntado más de marketing que de producción y es por eso por lo que ambas integraciones contrastan pues tiene puntos de partida y final distintos. Sin embargo, ambas pueden convivir en una compañía tal como hemos visto y en ambos casos las ventajas de establecer una, otra o las dos son muy diferenciadoras y atraen el crecimiento a la empresa.

FACTORES QUE INFLUYEN EN LA ELECCIÓN DE UN CANAL DE DISTRIBUCIÓN

En función de como tengamos ordenado algunos aspectos de la estrategia de la Dirección Comercial, el canal de distribución puede contemplar varios escenarios. Hemos visto que podemos convivir con varios canales de distribución en relación a los modelos comerciales y considerando igualmente la integración de la compañía se pueden adoptar los mismos a nuestra manera de operar. Con independencia de estos hechos que determinan sin duda la elección de nuestros canales de distribución, existen factores que influyen de la misma manera para una correcta elección que son comunes a todas las direcciones comerciales y que nos facilitan dicha elección.

Estos factores se concentran principalmente en cuatro conceptos: criterios para la selección, importancia, funciones y estructura.

Criterios para la selección

Analizar la cobertura del mercado es un factor importante para determinar el canal de distribución. La capacidad que tiene una compañía, o dicho de otro modo, los tentáculos con los que cuenta para poder llegar al máximo número de clientes, determina el proceso de selección. Considerar qué cuota de mercado queremos abarcar y de qué manera vamos a llegar a ella es un indicador igualmente para la selección. Podemos llegar por nuestros propios medios o con intermediarios y no es una cuestión tan sencilla, pues el control de nuestro producto es vital para responder a la cuestión anterior. Ya hablamos de la importancia que muchas compañías le dan al control del producto, de hecho, la integración vertical es un claro ejemplo de ello. Si decidimos optar por esa diferenciación y darle esa exclusividad al cliente, tener un canal de distribución podría ser la mejor opción, pero, no sin dejar atrás el tema de los costes, que están directamente relacionados con el pulmón financiero de la compañía. Si nuestros costes en la elección de nuestro canal de distribución se alimentan de nuestro margen comercial, y con anterioridad a la elección no hemos analizado este hecho, tenemos un problema. Según los datos publicados en el estudio *Estudio de caracterización del sector del transporte y la logística en España*, el 6,5 % del precio final de un producto es el coste de la logística y el transporte. España es un país que, debido a su mercado y su estructura laboral, está especializado en ciertos sectores y productos donde la logística y el transporte influyen de manera importante. El que más es el editorial, donde casi un 10 % del precio final se debe al coste de la logística y el transporte de las materias primas o el producto final.

Costes, cobertura de mercado, cuota y control sobre nuestro producto son criterios que no debemos perder de vista.

Importancia

Por considerar qué o cuáles hechos son de carácter delicado y que pueden influir en la decisión de compra de nuestros clientes. El tiempo hoy juega un papel fundamental en la distribución pues otros podrían llegar antes que nosotros y a no ser que tengamos un producto exclusivo y diferenciador, si nuestro *timing* de entrega a través del canal de distribución que tengamos estipulado hace que nuestros productos lleguen a nuestros clientes o usuarios fuera de lo que ellos podrían considerar, o la misma tendencia de mercado que puede llegar a marcar los plazos, nos puede dejar fuera del terreno de juego si no adaptamos sus gustos y formas. Sin embargo, no por hacer llegar antes nuestros productos y servicios al usuario final seremos más eficientes y/o eficaces. El tiempo es una unidad de medida que está determinado por la estrategia. Existen ejemplos que nos hacen ver que un tiempo de entrega fuera de lo que realmente las personas quieren aumenta el deseo por el producto.

Nintendo hace alguna década, comunicaba el lanzamiento de sus productos con suficiente antelación a su puesta en el mercado para fomentar el deseo de compra. Adicionalmente las unidades iniciales que ponían en manos del consumidor estaban muy por debajo de la demanda que se había generado. No era una cuestión de capacidad de producción, era estrategia. Otras compañías adoptan esa misma estrategia estableciendo así una exclusividad y diferenciación en sus productos o servicios. A nadie le importa esperar si ya tiene una reserva del nuevo iPhone. De esta manera, el tiempo es un factor de elección que juega paralelamente con el resto de los factores comentados y que puede influir tanto positivamente como negativamente. Decidir sobre la importancia del lugar se hace relevante. Dónde queremos poner nuestros productos y servicios y de qué manera los ponemos es una decisión analítica de suma importancia para nuestro canal de distribución. Si una de nuestras líneas estratégicas está en la externalización de nuestros productos y servicios, el canal de distribución empleado podría ser más largo pues necesitaremos (en función del tamaño de la empresa) de intermediarios que nos ayuden a llegar a lugares más lejanos.

Funciones

Funciones transaccionales, logísticas y facilitacionales son conceptos que afectan y forman parte de la elección de un canal de distribución.

Cuestiones higiénicas para un cliente y delicadas para la elección de la compra de nuestros productos o servicios.

Estructura

Considerar el tamaño de la empresa, aunque resulte manido comentarlo, para la elección de un canal de distribución es una cuestión que viene determinada por la capacidad que tenemos para expandirnos o dicho de otro modo, llegar más lejos. Antes se mencionó que, dado el tamaño, podemos emplear un canal de distribución en particular si por ejemplo no tenemos sedes o delegaciones fuera de nuestras fronteras o simplemente fuera de nuestra provincia o estado. Externalizar por ejemplo nuestros productos o servicios es un claro ejemplo de pensar en realizar alianzas estratégicas con intermediarios o agentes.

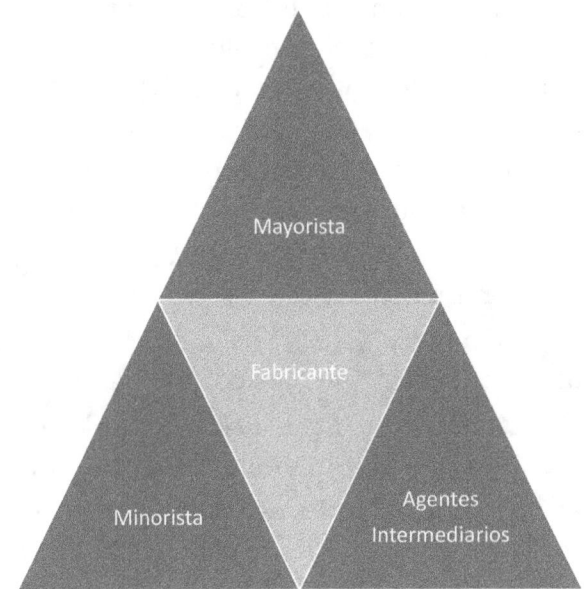

FIGURA 3.10.

Y, por supuesto, echar un vistazo a la economía de la compañía. El pulmón financiero de una compañía nos muestra hasta qué punto podemos optar por una decisión u otra. No hablo de la caja (que es a mi opinión lo más importante), hablamos de la capacidad financiera en su totalidad, es decir, se incluyen las negociaciones bancarias y la posibilidad que tenemos, por ejemplo, de financiar una operación internacional.

Estos indicadores resumidos en los cuatro factores expuestos son parte de nuestra hoja de ruta a la hora de la elección de un canal de distribución. Todos ellos son parte intrínseca de nuestra estrategia y todos ellos determinan qué o cuáles canales de distribución son los más adecuados. Pasar por todos ellos facilita la labor de la elección y nos aportan la seguridad necesaria como para determinarlo.

El canal de distribución es una responsabilidad de la Dirección Comercial pero como hemos visto influyen muchos otros departamentos con los que tenemos que interactuar. Esto es lo que hace interesante a una dirección comercial, trabajar en 360° con todas las personas de una empresa o compañía.

REFERENCIAS

- «Canal de distribuição», publicado en *Infopedia*. Porto: Porto Editora, 2003-2018. Última consulta el 1 de septiembre de 2018. Disponible en https://www.infopedia.pt/apoio/artigos/$canal-de-distribuicao.
- «Qué es un canal de distribución», publicado en *Gestiopolis*: https://www.gestiopolis.com/que-es-un-canal-de-distribucion/
- Fischer, L. y Espejo, J. (2011). *Mercadotecnia*. México D.F.: McGraw-Hill/Interamericana Editores S.A. de C.V.
- Kotler, P. y Armstrong, G. (2013). *Fundamentos de Marketing*. México: Pearson Educación de México.
- Philip, C., Graham, J. y Gilly, M. (2011). *Marketing Internacional*. México D.F.: McGraw Hill/Interamericana Editores S.A. de C.V.
- Velásquez, E. (2012). *Canales de Distribución y Logística*. Obtenido de Red Tercer Milenio. Última consulta el 1 de septiembre de 2018. Disponible en www.aliat.org.mx/BibliotecasDigitales/.../Canales_de_distribucion_y_logistica.pdf.

Capítulo 4

El equipo comercial

ORIGEN DE LOS EQUIPOS DE TRABAJO

Si pudiéramos utilizar la famosa máquina del Dr. Emmet Brown y realizar un viaje en el tiempo para llegar a los orígenes de los primeros equipos de trabajo, deberíamos viajar millones de años en el tiempo previo a la existencia del hombre.

Los primeros orígenes sobre cómo se trabajaba en equipo los podemos encontrar en la gran mayoría de las especies animales que actualmente conocemos, pero antes de mencionar algunos ejemplos, debemos mencionar un escenario importante en el éxito de los animales, la *división de tareas*.

Avanzando hasta los años sesenta, se introdujo la teoría de la *eusocialidad*. La *eusocialidad* (en griego *eu*: *bueno/real* + *social*) es el nivel más alto de organización social que se da en ciertos animales, en la cual se muestra que hay muchas especies animales que han alcanzado el nivel mal alto de la organización social, cuyas características son:
- Los adultos cuidan de sus crías.
- En un nido viven dos o más generaciones.

- Los miembros están divididos en casta reproductora *real* y en casta no reproductora *obrera*.

Además de la división de tareas, tenemos que poner en contexto el concepto de *concurrencia*, el cual no es solo la simple contribución a las tareas del equipo, sino que está coordinado con las tareas de los demás miembros del equipo.

Como ejemplo de estos conceptos tenemos a las hormigas tejedoras (*Oecophylla*). Son insectos arborícolas y se las conoce por su particular manera de construir sus colonias, las cuales son construidas entretejiendo las hojas de plantas y árboles, utilizando la seda de sus propias larvas como pegamento, y las van construyendo en las copas de los árboles.

Continuando con el análisis de las especies animales, encontramos que los equipos de animales incluyen otro concepto clave, el *altruismo recíproco*, el cual es entendido como el intercambio de tareas frecuentemente necesario para que el equipo sobreviva.

Uno de los ejemplos más claros que podemos encontrar es el de los murciélagos vampiros, los cuales donan parte de la sangre que han obtenido como alimento a aquellos compañeros de equipos que en la noche no han podido alimentarse.

CONJUNTO, GRUPO Y EQUIPO

Realizando una especie de paralelismo con la teoría de la evolución, podemos observar y entender que con el transcurso del paso del tiempo se ha ido evolucionando desde el concepto de conjunto, luego grupo y finalmente equipo.

Tomando las definiciones y conceptualizando el significado para cada uno de estos conceptos, según lo expresado por la Real Academia Española, tenemos:

- *Conjunto*. La totalidad de los elementos, cosas o personas, poseedores de una propiedad común que los distingue de otra.
- *Grupo*. Pluralidad de seres o cosas que forman un conjunto, material o mentalmente considerado.
- *Equipo*. Grupo de personas organizados para una investigación o servicio determinados.

Considerando las tres definiciones dadas, podemos ver que entre *conjunto* y *grupo*, la diferencia está dada por la intención y la adaptabilidad de sus miembros por formar parte del grupo. Realizando una comparación entre *grupo* y *equipo*, podemos observar que la diferencia es el objetivo por el cual están reunidos sus miembros.

LA IMPORTANCIA DE LOS EQUIPOS COMERCIALES

Los equipos comerciales juegan un papel importante en cualquier organización que se dedique a la comercialización de productos o prestación de un servicio, ya que estos fungirán como el canal que conectará a la empresa con los consumidores. Por otra parte, su contribución en la organización no solamente es conseguir vender, sino el de transmitir la cultura que en esta se practica, demostrando los valores que se difunden en ella así como los compromisos que se tienen con los clientes.

En el libro de Soto y Restrepo (2012), *Entrenamiento para vendedores*, se habla acerca de que el vendedor en estos tiempos debe tener un mayor grado de profesionalismo, entre otras cosas, debido a que ha incrementado la competencia en los sectores, y los compradores buscan mayor valor por su inversión, lo cual implica que los vendedores deberán tener mayores conocimientos del producto, conocer sus fortalezas y ser honestos en cuanto a sus debilidades y estrategias de persuasión, así como tener claro qué es lo que la empresa requiere en cuanto a la fidelización de los clientes, ya sea con la empresa misma o con la marca que estemos intentando posicionar.

Como se menciona en el primer párrafo, los equipos comerciales no están únicamente enfocados a la concertación de ventas, sin embargo, para que se considere un equipo comercial, su actividad preponderante, deberá ser VENDER. La palabra venta, etimológicamente viene del latín *venditum* que significa: traspasar la propiedad de algo a otra persona tras el pago de un precio convenido, y que habla de un precio convenido. Sin embargo, en la actualidad el precio no es la única variable que entra en juego al momento de realizar una venta, sino también el servicio al cliente. Este servicio será muchas veces el factor determinante que logrará que el cliente se lleve nuestro producto o no.

Considerando la sociabilidad con la que estamos diseñados, decir simplemente que trabajar en equipo fomenta el aprendizaje, incrementa la eficiencia y mejora la eficacia, además de generar un clima de bienestar adecuado y propicio para la consecución de objetivos, sería manido.

Con independencia de lo mencionado anteriormente sobre cómo hemos evolucionado a través del tiempo, vemos que la sociabilidad en torno a una comunidad genera seguridad. Estos aspectos son por todos conocidos y están conceptualizados como trabajo en equipo. Sin embargo, de la conceptualización al hecho de que esto se produzca y realmente se conviva es esta *comunidad de bienestar y eficiencia* hay un camino aún por recorrer. Hemos aprendido a decir lo que realmente las personas quieren oír. Aún no me he encontrado a nadie que haya comentado en una entrevista de trabajo o prueba de selección que no trabaja en equipo o que no cuenta con una serie de valores que nos identifican como personas adecuadas al puesto aplicado.

La educación que recibimos o el sistema educativo ya sea el formativo o el que nuestros padres nos dan, fomentan aspectos muy distantes a los comentados. Desde bien pequeños nos enseñan a competir por ser mejores que el resto. No a diferenciarnos, que eso es otra cuestión. Nos enseñan a competir siendo valorados con notas cuantitativas y cualitativas. Somos malos estudiantes si la nota que nos ponen está por debajo de lo que viene a ser un 7 o un 8. En realidad, si solemos sacar buenas puntuaciones, estas mismas se consideran malas notas. Nos valoran continuamente desde bien temprano y vivimos con el mal estrés de estar a la altura de lo que los demás necesitan. Esta insana competencia hace que ciertos comportamientos se desarrollen, olvidando nuestra esencia como ser humanos y nos convertimos en personas que no sabemos trabajar en equipo.

¿Qué pasaría si nuestros hijos nos dicen que quieren ser cantantes? Hasta tenemos el mal hábito de escoger por ellos lo que será lo mejor sin considerar varias cuestiones. La primera es tener en cuenta que más del 70 % de las personas que trabajan, no lo hacen en relación con los estudios realizados (aunque esta tendencia afortunadamente está cambiando con la nueva generación a la cual tratamos de criticar continuamente) y como segunda premisa nos esforzamos es gestionar sus frustraciones desde las nuestras propias. Resulta paradójico, pero no nos damos cuenta de que seguimos en constante evolución.

¡Mamá quiero ser vendedor!, y la respuesta es estudia que será más productivo. La mayoría de las personas que comienzan en este sector sin certificar o bien son personas que buscan trabajo por «no querer estudiar» o bien son personas que no encuentran lo que desean. Parece como que en esta profesión milenaria llamada a ser un arte, todo el mundo vale y aunque soy de los que piensa que, efectivamente es así, es decir, todos podemos conseguir lo que queremos y anhelamos, también es cierto que es el talón de Aquiles de muchas compañías, no tienen los equipos comerciales adecuados.

Empecé a trabajar en una trastienda de una librería haciendo paquetes de los pedidos que llegaban a la misma. Muy pronto adquirí un conocimiento de los más de 500 títulos que se vendían y que estos se movían con cierta facilidad. Me gustaba ver a través de una cortina la llamada sala de ventas y observar cómo mi compañera hablaba con los clientes recomendando uno u otro título. La verdad es que me apasionaba ver la fluidez en la comunicación y pronto entendí que yo quería ser tendero. En cierta ocasión me encontraba reponiendo algunos títulos. Mi compañera se había ausentado a comprar algo para almorzar y aunque eran horas difíciles para los clientes, dio la casualidad de que entró una persona y me preguntó por uno en particular. No podía entender cómo preguntaba por un título que apenas se vendía y que sin embargo había otros de la misma temática que se vendían mucho más. Le pregunté que para qué quería el libro, en cuanto me comentó que estaba buscando algo relacionado con la temática, le pude mostrar otros cinco títulos que eran los más vendidos y así se lo dije con total exactitud mientras mi compañera observaba desde la entrada... Esos fueron mis comienzos como tendero. Hoy día sigo presumiendo de ello.

La importancia de los equipos comerciales es junto con el liderazgo, siempre acertado del mismo, lo que hará que una empresa obtenga el éxito deseado o por el contrario el fracaso incontrolado. Con independencia del sector en el que nos movamos, con independencia del producto o servicio que ofrezcamos, si generamos la energía suficiente para contar con un buen equipo, bien liderado en el que todos los engranajes funcionen, la maquinaria va a funcionar sí o sí.

Desarrollar nuestro liderazgo con la capacidad que conlleva y formar un equipo desde el punto de vista humano es la clave. Ponemos a los clientes en manos de nuestra red comercial (por supuesto que también deben estar en las manos de otras figuras directas o indirectas al departamento Comercial), estos actúan con la mejor disposición, pero desde diferentes perspectivas en función de como son. Podemos afirmar que tenemos tantos lenguajes como personas liderando a los clientes, y a los clientes que hablan un solo lenguaje. Es una torre de Babel y por ello, procesar y desarrollar al equipo es determinante para hablar el mismo idioma. La fuerza de ventas representa y sus miembros son los embajadores de la marca. Dichos embajadores deben portar el mismo mensaje.

Es por ello, por lo que contar con los mejores (cambiemos, para entendernos mejor, por los más adecuados) es garantía de éxito en todas y cada una de las acciones comerciales que desarrollamos y llevamos a cabo. Nuestros clientes y nosotros mismos, que también lo somos, aunque este aspecto se nos olvida con frecuencia, sabemos lo que queremos y cómo lo queremos, y aquellos vendedores de la antigua escuela, la cual fue fructífera en su momento, no tienen cabida hoy en las nuevas estructuras comerciales ya que el porqué de su venta es apuntar ventas a cualquier precio. Hoy utilizamos más que nunca la vinculación emocional para atender a nuestros clientes y ese es el verdadero porqué de cómo hacemos las cosas. La prueba es sencilla, preguntemos a cualquier miembro de la red de ventas por qué hace lo que hace, en la respuesta entenderemos lo que se menciona en este párrafo.

La base de todo radica en la selección, en el desarrollo posterior, en medir el talento (cuestión que hoy día podemos realizar), en tener los procesos perfectamente identificados, un SRV (sistema de retribución variable) acorde a las estrategias y que contemple aspectos cuantitativos y cualitativos, que sea capaz de generar comportamiento y que haga que todos hablemos el mismo idioma.

Vender más y mejor es la premisa que tienen todos los equipos comerciales en un mundo cada vez más competitivo y dinámico. La importancia de la capacitación y el desarrollo de las habilidades para mejorar el rendimiento de las fuerzas de ventas son los aspectos clave de gestión y liderazgo. Esta premisa contempla tres focos claros: por un lado, la necesidad de lograr el volumen de ventas deseado; en paralelo, la capacidad de optimización del esfuerzo comercial; y además contar con una adecuada atención y fidelización del cliente.

Y si es fácil decirlo o escribirlo, también lo es hacerlo. Desarrollar estrategias a corto, de desarrollo y capacitación que se mantengan en el tiempo para generar la estabilidad necesaria, formar en técnicas que permitan la facilitación de los procesos en la venta y retener, sobre todo, el talento son aspectos vitales para lograr los resultados de una empresa o de una dirección Comercial.

Crecer y hacer crecer a la empresa en términos de capital humano y, por supuesto, en términos económicos, no tener clientes, tener FANS, es el cóctel perfecto de una ecuación que no puede resolverse de manera independiente. No tiene sentido que generemos mucho volumen si no hay calidad en la gestión de la venta. Es una carrera de fondo y no una carrera de 100 metros y el que tenga mejor forma física, ganará. No tener claro esta máxima nos conduce a una mediocridad en la que caemos con cierta facilidad y, por consiguiente, a una rotación de personal extraordinaria. Hoy día la captación abre las puertas de los ingresos, la gestión eficaz genera los ingresos.

Sin entrar en más disposiciones, dejar desde este apartado la necesidad e importancia que conlleva un desarrollo y capacitación del personal de cualquier departamento. La seriedad y rigidez con que actuemos en este asunto será un indicador para medir el grado de éxito de la compañía.

Sin duda, los objetivos por los que se prepara y entrena al personal de las áreas comerciales, tanto de los canales directos como los indirectos, son:
- incrementar las ventas,
- mejorar la calidad de atención, y
- generar experiencias memorables de servicio.

Estos objetivos tienen que ser tanto cualitativos como cuantitativos, cuestión que en ocasiones olvidamos y nos ceñimos únicamente a los cuantitativos, sin duda más sencillos de desarrollar. Recogidos en procesos y procedimientos que detallan nuestra hoja de ruta y que ponen foco en las cuestiones y estrategias de la compañía. Vemos algunos de ellos:

1. *Gestión Profesional de Ventas (GPV).* Se incluye a todo el personal asignado en un entorno de 360° sobre la dirección Comercial que tengan la capacitación y las habilidades desarrolladas con el fin de tener la eficiencia en cualquiera de las gestiones que conviven alrededor de una venta, ya sea gestión administrativa comercial o gestión en la venta y atención al cliente. Identificar

a estas personas, dotarlas de competencias y responsabilizarlas de la gestión asignada, constituyen el elenco de actores o actrices de una gestión profesional de ventas (GPV).

2. *Gerenciamiento y coaching comercial (GCC)*. Personal con asignación de equipos, responsables sobre el liderazgo de personas y no de procesos únicamente de ventas, representan una parte delicada de la jerarquía en un departamento comercial. Están, para que se pueda entender, en el medio de todo un entramado comercial. Tiene que estar dotados de herramientas para poder formar y desarrollar a sus equipos comerciales, de habilidades para ser perfectos *coaches* y, por supuesto, del talento necesario para liderar en 360°, porque a los «superiores» hay que saber liderarlos igualmente. De la misma forma debemos de evaluar su desempeño y su gestión de competencias con el objetivo por un lado, de desarrollarles en temas específicos y, por otro, de conocer el grado de capacitación que tienen.

3. *Gestión experiencia cliente (GEC)*. Tener FANS y no clientes es salir de la mediocridad. La satisfacción y también la insatisfacción han de ser procesos perfectamente implementados. Para ello, todo el personal que de alguna manera interactúe con un cliente ha de estar desarrollado con un único fin. Alinear a todas las personas con este objetivo intensifica nuestro compromiso y nuestra proactividad por un bien común para el departamento. No hablemos solamente de retener el talento del personal de una compañía, actuemos para retener a nuestros clientes o simplemente llevarles a ser verdaderos fans de nuestra marca.

Algunas recomendaciones para la selección y adecuación de un equipo comercial:

1. Mirar dentro y no fuera, es decir, la experiencia y el conocimiento son muy demostrables. Con un simple CV se puede apreciar la misma. Sin embargo, el talento es más complicado y justamente hay que contratar por aquí si lo que deseamos es tener el equipo adecuado. Tener habilidades en lenguaje no verbal y en los canales de la percepción de la información con el fin de utilizar valores como la asertividad y la empatía en la vinculación emocional con el cliente y con el entorno de 360° de la compañía.

2. Un buen vendedor es aquel que planifica sus visitas, que analiza los datos de sus clientes, que tiene claro cuáles son sus necesidades, que es efectivo en su tiempo y, por tanto, lo gestiona eficazmente; que está al tanto de lo que sucede en el mercado y tiene un conocimiento óptimo del mismo. Atiende por aptitud y no por vender, y no muestra instinto de desesperación en cuanto a sus resultados.
3. Es resiliente y muestra adaptabilidad a los cambios, los cuales son continuos. No se acomoda, siempre busca nuevos retos. Si hay debilidades, también hay fortalezas, y si hay amenazas, las convierte en oportunidades. Permanece atento y se desarrolla en aquellos aspectos que considera importantes para su día a día.
4. Tiene inseguridades, pero con su destreza sale de ellas con firmeza. Crea fans, no clientes a través de su talento. No se alía con sus clientes para hablar mal de su empresa si se ha generado algún problema porque no genera conflictos, los gestiona.

Solemos utilizar varias fuentes para la captación de candidatos utilizando las diferentes alternativas que hoy nos da el mercado. Todas ellas perfectamente válidas para desplegar nuestras ofertas de trabajo. Ya hablamos de la importancia de tener un equipo adecuado, para ello los departamentos de Selección, *recruitments*, *headhunters* o cualquier canal presencial cuya responsabilidad es poner llave en mano al candidato más adecuado, se encargan de dotarnos del perfil más idóneo a nuestras necesidades.

Por un lado, hemos comentado aspectos técnicos que deberían formar parte del perfil de las personas que actúan en la dirección Comercial, por otro, ciertas destrezas o habilidades que podemos englobarlas dentro de lo que se denomina talento. Cuando estos dos aspectos convergen en el perfil de un puesto, las posibilidades de tener a la persona adecuada son infinitamente más grandes. Parece sencillo, de hecho, en escribirlo o decirlo se tarda relativamente poco, pero cuando ponemos estos aspectos encima de la mesa de las personas encargadas de selección, la cuestión es bastante diferente.

El perfil de un puesto consta de dos partes principales, vamos a llamar a la primera «el largo de un puesto» y a la segunda «el ancho de un puesto». Como si de una figura geométrica se tratara, ambas partes están conectadas y convergen a lo largo del rectángulo que se desarrolla.

El largo del puesto son los conocimientos y experiencia del candidato, es decir, lo que comúnmente vemos en un currículum vítae (CV). Esta información nos brinda la parte técnica que necesitamos conocer del candidato e incluso podemos contrastarla con referencias. Por lo tanto, el largo de un puesto está compuesto por la técnica.

Luego tenemos el ancho del puesto, esta es la parte en donde encontramos aspectos más intrínsecos del candidato. Es donde reside el talento, esas destrezas de las que hablamos anteriormente y que son necesarias y vitales para desarrollar cualquier trabajo. No suele verse en el CV (a no ser que este sea diferenciador y retador frente a lo que comúnmente estamos acostumbrados a ver) y por este motivo debemos de mantener una entrevista con nuestro candidato con el fin de medir el talento de este. Aquí es donde se complica la cuestión y en donde entran factores que confundimos. En primer lugar, en términos generales no sabemos medir el talento y cuando afirmo esta cuestión es porque solo en una ocasión he visto la intención y el esfuerzo para ello.

Hace algún tiempo, un grupo de personas aplicamos a más de 50 puestos diferentes con CV diferentes y el objetivo de realizar un análisis para un cliente que nos contrató y que por motivos de confidencialidad no puedo nombrar. Nuestros conocimientos en neurociencia cognitiva adaptada a la inteligencia emocional nos situaban como *expertos* en la materia de medir el talento. Tres personas éramos las encargadas de realizar un estudio de la medición del talento en las empresas de selección o directamente en los departamentos de selección de las empresas. Por entonces la gran mayoría de las empresas de selección, comunicaban una y otra vez en sus webs o redes sociales la importancia de retener el talento en las compañías y, por supuesto, la búsqueda de talento como principal motor para garantizar un candidato adecuado. Logramos realizar únicamente 65 entrevistas entre las tres personas (o bien por aplicar a un puesto o por presentarnos ante un *headhunter* para que nos tuviese en cuenta en su base de datos) ya que el mercado estaba inmerso en una crisis de empleo bastante seria por entonces. Los CV los adaptábamos al perfil que requerían, en algunos casos creábamos perfiles en redes sociales profesionales del candidato para reflejar una realidad ficticia. Un sinfín de cuestiones para tener el perfil idóneo y así poder acceder a las entrevistas de trabajo. Únicamente puedo mencionar del estudio que en todas las entrevistas excepto en cinco, solo se habló del CV, es decir, del largo del puesto. Además de pasar un filtro telefónico o por videoconferencia hablando del largo del puesto, si se pasaba a la segunda fase se volvía a repetir el mismo escenario. Empresas que buscaban el talento se limitaban a ver la parte técnica del candidato. Si esta era adecuada, entonces este pasaba a la siguiente fase o se presentaba al cliente, lo que ocurrió (esto como anécdota) en diez ocasiones. Sin ánimo de poner en entredicho un punto que hoy día es muy delicado, sí que se pudo ver y demostrar cómo la búsqueda de talento, o mejor dicho la parte ancha del puesto, no era tan importante, o simplemente no sabían buscar intrínsecamente en el candidato estas destrezas.

Esta situación es la que vemos en la mayoría de las entrevistas. Personalmente soy de los que pienso que prefiero el ancho que el largo, y que este último es más fácil de desarrollar que el propio ancho. Buscar el talento, y sin querer salirme mucho del contexto, pues esta cuestión se tratará a su debido tiempo en un libro específico sobre el talento, no es fácil. En primer lugar, se necesitan conocimientos mínimos en aspectos cognitivos, aspectos de lenguaje no verbal y dominar la percepción de los canales de información para realizar una entrevista o simplemente las preguntas adecuadas. Medir, se puede medir, la cuestión simplemente es que habitualmente el personal no tiene conocimientos al uso. Si valoramos la técnica y el talento que tenemos en un candidato, estaremos más cerca de tener a la persona adecuada, no a la mejor, a la adecuada (insisto).

Lo que nos encontramos en muchos equipos comerciales (incluyendo a mandos) es justamente la falta de talento y, por otro lado, podemos incluso notar que en algunas ocasiones estos equipos se encuentran huérfanos de liderazgo.

FORMACIÓN DEL EQUIPO DE VENTAS

«Un vendedor no solo es un vendedor. Hay tantos tipos de roles de vendedor como colores para pintar». Con la expresión anterior, el autor Weinberg (2017) nos dice que en realidad hay una variedad infinita de tipos de vendedores, ya que algunos tendrán estrategias, herramientas, métodos, técnicas o aptitudes, que le harán realizar la labor de venta de diferentes formas.

Cuando nos desempeñamos en una organización comercial, uno de los aspectos más importantes para tener en cuenta, es la formación de nuestro equipo comercial. A mí, personalmente, hablar de formación se me queda corto, ni siquiera hablar de desarrollo, hablamos de desafiar, de transformación, y eso es justamente lo que debemos hacer con nuestros equipos, desafiarlos y transformarlos.

Una vez que estas personas se incorporan a nuestro equipo, debemos formarlas en distintos aspectos, que pueden ser tan o más importantes que los aspectos técnicos de los productos que comercializamos.

El proceso de formación de vendedores se divide en dos grandes grupos. Por un lado, tenemos la formación inicial o inducción que damos a cada persona que se incorpora a nuestro equipo comercial. Por otro lado, tenemos la capacitación continua que damos a toda la fuerza de venta, que puede estar relacionada con técnicas de ventas, nuevos productos o servicios, actualizaciones. Normalmente nos quedamos aquí, pero una vez más si hablamos de desarrollo y transformación hemos de desarrollar el talento:

- *Formación inicial o inducción.* Cada vez que una o varias personas ingresan a nuestro equipo comercial, y muchas veces también se aplica a cada nueva persona que ingresa a la organización, se debe buscar transmitir una serie de conocimientos que hacen a la cultura, valores y formas de trabajo de la organización, entre otros.
  - *Capacitación institucional,* se debe buscar transmitir la historia de la organización, cuáles son sus valores, misión, visión y objetivos. Esto permitirá, sin duda alguna, poder transmitirle esto a los clientes de la organización.
  - *Capacitación estructural,* se buscará transmitir cuáles son los manuales de procedimiento de la organización, cuáles son los canales de comunicación formal, cuáles son las maneras de proceder ante los problemas típicos que pueden surgir de los procesos de venta.
  - *Capacitación sobre clientes, proveedores y servicios,* según la estructura organizacional de la empresa y el modelo comercial, el equipo puede estar dividido por tipo de producto o servicio, por tipo de cliente, por línea de productos, por sectores, zonas, etc. (véase el Capítulo Organización de la red de ventas). Esta segmentación es importante transmitírsela al equipo de

ventas, para que conozca cuál es su campo de acción y poder tener una mayor efectividad en sus procesos de venta.
- *Formación comercial*, se busca transmitir los conocimientos o el *know-how* sobre las técnicas de ventas que mejor resultado dieron a los miembros del equipo comercial, de manera que puedan ser rápidamente internalizados por el equipo comercial, con el fin de obtener un mejor resultado en las ventas.

- *Formación continua*, este tipo de formación debe ser brindada con cierta periodicidad de manera de constituirlo en un buen habito de trabajo. Los puntos que suelen desarrollarse son:
  - *Capacitación sobre clientes, proveedores y servicios,* se busca la capacitación continua de la fuerza de venta, ya sea por la presentación de nuevas líneas de productos, la actualización continua, el análisis de los casos de éxitos, etc.
  - *Formación comercial*, tiene por objetivos brindar a la fuerza de venta de nuevas herramientas para lograr una venta exitosa y poder romper con las barreras que presentan nuestros clientes.

Adicionalmente existen cursos y programas de motivación, talleres de diferentes temas como: lectura y redacción de textos, formulación de preguntas y respuestas asertivas, entre otros.

Ahora bien, anterior a la formación al equipo de ventas, se necesitan repasar algunas etapas, que tendrán un papel determinante para que se alcancen los objetivos planteados para el equipo de ventas. Uno de ellos, es la planificación y organización del equipo comercial, durante esta etapa se deberán definir los objetivos del equipo, el tamaño, tipo y organización de la fuerza de ventas, si los vendedores serán propios o agentes independientes, así como definir el territorio que abarcarán y las cuotas que se deberán obtener.

La etapa siguiente se enfoca en el reclutamiento, selección y, ahora sí, la formación de los vendedores. Sin embargo, como se menciona, antes de formar a los vendedores se deberá seleccionar a los más adecuados para la misión de ventas. Es importante mencionar que no existe un perfil idóneo de vendedor, pues dependerá del producto a vender, de las tareas a realizar, de sus responsabilidades, etc.

Según un reciente estudio realizado por Cantizano (2010) sobre 200 directores de ventas y recursos humanos y 500 vendedores, estas son algunos términos generales que todo *buen* vendedor debería tener:

- Seguridad personal (ego fuerte y autoestima).
- Capacidad y habilidades comunicativas.
- Empatía.
- Orientación a resultados.
- Creatividad.
- Ambición, entusiasmo y alta motivación.
- Agilidad mental (que sea despierto).
- Simpatía, extroversión y cierto grado de agresividad.
- Fortaleza psicológica (persistencia) y alta tolerancia al fracaso.
- Flexibilidad, adaptabilidad.
- Capacidad de trabajo, organización y planificación.
- Capacidad para trabajar en equipo.
- Otros rasgos personales: apariencia, educación, saber estar, etc.

Las características anteriores son los componentes clave que un buen vendedor deberá reunir, sin embargo, esto no implica que no pueda aprenderlas con capacitación y planes de desarrollo adecuados y enfocados a estas habilidades y actitudes.

Es importante mencionar que la formación de los vendedores debe ser perfectamente planificada y ejecutada pues, de lo contrario y como ponen de manifiesto los datos recogidos por la Asociación Norteamericana de Formación y Desarrollo[1], «la formación en ventas puede provocar que los vendedores la encuentren poco útil e incluso como una pérdida de tiempo» (Lassk, Ingram, Krauss y Mascio, 2012). El proceso de formación de ventas exige, en primer lugar, determinar las necesidades y objetivos, así como realizar un plan estructurado de formación, que posteriormente se ejecutará. Ha de precisarse también el tipo, el método y el contenido de la formación para su posterior ejecución. En último lugar, deberán evaluarse los resultados de la formación corrigiendo las desviaciones respecto a los objetivos establecidos en la planificación.

Resulta evidente después de leer estas afirmaciones que estamos ante una casuística importante. Por un lado, estoy de acuerdo con lo que suscribe la American Society for Training and Development. Es cierto que debe haber un proceso marcado y preciso sobre las necesidades y objetivos. Marcar un modelo es esencial, pero este a veces

---

[1] Se trata de la mayor asociación de este tipo que existe en todo el mundo: la American Society for Training and Development (http:// www.astd.org).

debe ser revisado porque igualmente las necesidades pueden variar. Lo realmente determinante es contar con un equipo que tenga un talento extraordinario y eso también se puede desarrollar.

En términos de costes resulta más sencillo formar sobre lo que es más fácil de ver que sobre lo que no y en términos de tiempo igual. Ocurre lo mismo con lo que mencionábamos anteriormente sobre las entrevistas de trabajo, si nos centramos en la punta del iceberg, no podremos ver más que los conocimientos y estos son muy comunes a muchas personas. Lo que nos diferencia del resto es sin duda la parte que no solemos observar.

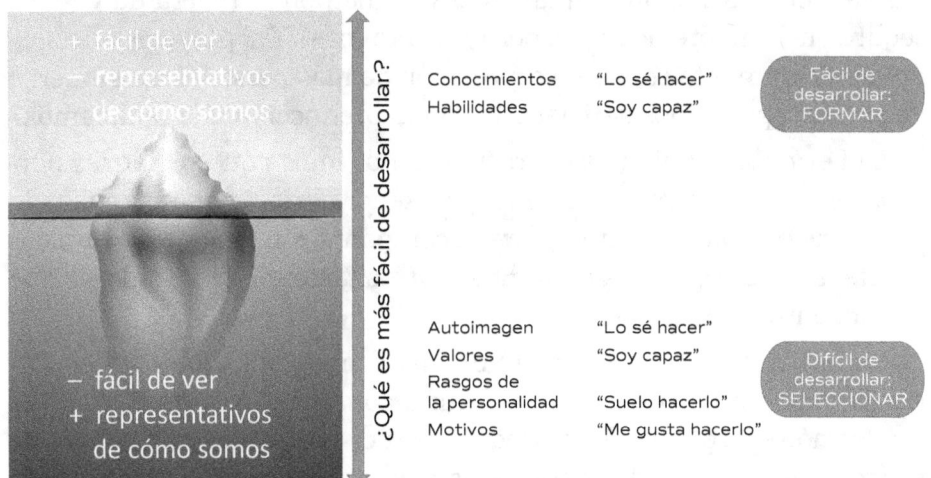

FIGURA 4.1 Somos icebergs.

Las personas no son un gasto, son una inversión porque la intención que nos motiva a contratar a alguien nos es más que la de obtener un retorno a la inversión realizada. Desde esta perspectiva podemos entender la importancia de un equipo adecuado. En algunas organizaciones se mira esto mismo desde otra óptica y si se empieza a considerar el gasto de las personas atendiendo a razones financieras, estamos perdidos. He podido observar en algunas empresas como en caso de reducción de plantilla, los pasivos laborales de menor coste, es decir, aquellas personas que son más económicas en el despido son los primeros en salir por la puerta.

Por otro lado, hemos de considerar que no por tener más personal, tendremos más éxito. Si aludimos a la Ley de rendimientos decrecientes nos muestra que, si aumenta un factor productivo, manteniendo el resto constantes, el producto marginal decrece, llegando a provocar un verdadero problema para una compañía o empresa. En pocas ocasiones tenemos en cuenta un factor de este tipo y que es tan determinante para una compañía. La Ley de rendimientos decrecientes alude básicamente a considerar previa a una decisión de compañía si todos los botones que hemos de tocar son los adecuados para no romper el equilibrio, es decir, si, por ejemplo, invertimos en una maquinaria nueva que va a producir un 20 % más de productos y la demanda no está a la altura o dicho de otra manera mantenemos el resto de las constantes iguales, se produce ese rendimiento marginal. En términos de personas, si aumentamos el volumen en la fuerza de ventas, seguro que venderemos más, pero ¿cuánto más? Y si por otro lado si la demanda aumenta con la incorporación de más personas en la fuerza de ventas, ¿podremos satisfacerla con la producción que realizamos?

La Ley de rendimientos decrecientes nos indica que si bien las personas son una inversión, tenemos que tener perfectamente analizado el retorno que pueden atraer para la compañía, sin que este sea únicamente la propia venta, sino también otros factores o indicadores que se encuentran en la cadena.

En la Tabla 4.1 se muestra un breve ejemplo de lo que representaría el volumen de trabajadores de una compañía en relación con la producción marginal que se produciría. Por tanto, concluimos que no por tener más fuerza de ventas, seremos más productivos (proporcionalmente hablando) y que no por tener más producción seremos más efectivos. En ambos casos estamos hablando de costes para una compañía y esto si que debemos de considerarlo.

TRABAJADORES POR AÑO	PRODUCCIÓN TOTAL	PRODUCCIÓN MEDIA	PRODUCCIÓN MARGINAL
1	30	30	30
2	65	35	35
3	105	35	40
4	135	33,7	30
5	160	32	25
6	180	30	20
7	190	27,1	10
8	180	22,1	-10

TABLA 4.1

Solemos tener unos objetivos demasiado ambiciosos o incluso por encima de lo que deseamos con el fin de que se hagan realidad nuestros deseos. Aunque hablaremos más detalladamente sobre este aspecto en al capítulo relacionado con los Sistemas de Retribución Variable, si consideramos por el simple hecho o bien de tener objetivos desmesurados, no analizados ni desarrollados (ver capítulo Estimación de Objetivos) o bien demandar más personal para la realización de estos sin atender a La Ley de Rendimientos Decrecientes, podríamos estar corriendo un grave peligro. Crecer descontroladamente es una ruina para cualquier compañía.

El equipo es el motor de la Dirección Comercial y no por equipo me refiero a las personas que están en primera línea, sino a todas las que de alguna manera están relacionadas con la Dirección Comercial. Un equipo liderado que tenga técnica y talento puede alcanzar cualquier objetivo y tiene la fuerza de 1000 caballos.

REFERENCIAS

- Cañeque, M. (2013). *Aprender a construir equipos: manual de desarrollo gerencial.* Buenos Aires: Temas Grupo Editorial S.R.L.
- Soto, G. J. y Restrepo, N. E. (2012). *Entrenamiento para vendedores.* Bogotá: Editorial Norma S.A.
- Wikipedia, c. d. (2 de septiembre de 2017). *Oecophylla.* Recuperado el 13 de Agosto de 2018, de Wikipedia: https://es.wikipedia.org/wiki/Oecophylla.
- Wikipedia, c. d. (27 de Julio de 2018). *Comercio.* Recuperado el 16 de agosto de 2018, de Wikipedia: https://es.wikipedia.org/w/index.php?title=Comercio&oldid=109567971.
- Wikipedia, c. d. (16 de Julio de 2018). *Eusocialidad.* Recuperado el 13 de agosto de 2018, de Wikipedia: https://es.wikipedia.org/wiki/Eusocialidad.
- "La importancia del equipo comercial". All on go blog. 15 de julio de 2017. https://allongoblog.wordpress.com/2017/07/15.
- https://www.wormholeit.com/es/novedades/.
- https://rincondelemprendedor.es.
- Cantizano, L. (2010). *El ADN del nuevo Vendedor.* European Institute of R+D+ i on Sales Force.

- Lassk, F., Ingram, T., Krauss, F. y Mascio, R. (2012). «The future of sales training: Challenges and Related Research Questions». *Journal of Personal Selling & Sales Management*, 32, 141-154.
- Weinberg, M. (2017). *Gerencia de Ventas Simplificada: La verdad de como conseguir resultados excepcionales de tu equipo de ventas*. Rio de Janeiro: Grupo Nelson.

Capítulo 5

Organización de la red de ventas

MODELOS COMERCIALES Y ESTRUCTURAS ORGANIZATIVAS

Ya conocemos que existen cuatro pilares determinantes en las principales responsabilidades de un director Comercial:
- *Plan de ventas.* Contar con una hoja de ruta que nos muestre el camino y, sobre todo nos enfoque en los objetivos de la compañía es una cuestión que no merece discusión. No solo nos ayuda en poner el foco necesario, sino en tener la estrategias perfectamente identificadas y comunicadas con la transparencia que se merece.
- *Definición y asignación de objetivos.* Aunque en el capítulo de estimaciones se detalla más sobre este asunto, recordar que es una responsabilidad cuya mala aplicación puede acarrear algunos problemas.
- *Determinación del* target *de clientes.* Considerando los que ya son, y los que podrían ser.
- *Herramientas y mecanismos de supervisión.* Si tenemos en cuenta que la supervisión y no el *control* es unos de los aspectos que mar-

can diferencias en cualquier empresa. Normalmente con un perfecto cuadro de mando tenemos esta responsabilidad cubierta.

Tenemos responsabilidades y obligaciones, pero tenemos también que tomar decisiones que afectan a la manera de movernos en el mercado a través de los modelos comerciales y a través de la definición de la estructura organizativa.

Estructuras organizativas

Dependiendo de como queramos enfocarnos en el mercado y considerando los productos y servicios (P/S) que tenemos en nuestro porfolio, así como tenemos determinado el tamaño de nuestra red de ventas, podemos considerar tres estructuras. Existen más, pero estas son las que más se manejan en los departamentos comerciales:

- *Zonas geográficas.* Es la manera de estructurar a la fuerza de ventas organizándola por zonas exclusivas para cada vendedor, es decir, un vendedor es responsable de toda una zona y todos los P/S del porfolio son ofrecidos por la misma persona. Es la más común y la que más aplican las empresas, pero no es la más eficaz ni eficiente si por ejemplo tenemos P/S similares con distintas marcas.

FIGURA 5.1. Estructura por zonas geográficas.

- *Productos.* En este caso la organización se hace a través del catálogo de productos. Para entender con sencillez esta organización, pensemos en una empresa que mueve productos de cosmética, medicamentos y genéricos (medicamentos). Cada vendedor es especialista en cada uno de estos productos y las zonas pasan a un segundo nivel. Es posible encontrarse con el mismo cliente y con dos vendedores diferentes de la misma empresa. Sin embargo, es una magnífica forma de no perdernos en un inmenso océano de productos. Algo importante que debemos tener presente es que un catálogo amplio es un lujo para un perdedor. No obstante, en muchas ocasiones el mismo cliente no percibe que ambos comerciales son de la misma empresa. Este tipo de organizaciones se ve reflejada en grupos empresariales que pueden tener varias marcas dentro de su paraguas.

FIGURA 5.2. Estructura por productos.

- *Sectores*. Al igual que en la organización por productos, en este caso se realiza por sectores o *target* de clientes, es decir, cada vendedor se dirige a un *target* identificado dentro del mismo sector.

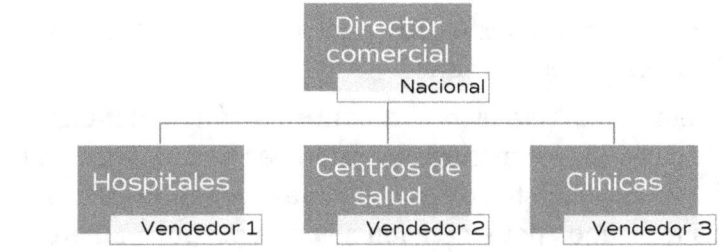

FIGURA 5.3. Estructura por sectores.

Tal como se muestra en la imagen, la fuerza de ventas se dirige con los mismos productos a clientes ubicados en distintos sectores dentro de un mismo negocio. En este caso no se duplica la visita, pero las distancias son superiores que en la organización geográfica. Se especializa al vendedor dentro del sector ya que se entiende que los diferentes sectores, el cliente es diferente y requiere de atenciones distintas.

MODELOS COMERCIALES

Un *modelo comercial* es el sistema en el cual opera las ventas en una empresa, siendo este una referencia clara, compilada y relacionada a las actividades a desarrollar de forma cíclica por las personas del área comercial. Estos modelos permiten llegar a los clientes de manera efectiva vendiendo un producto o servicio que ofrece una compañía.

Es importante resaltar que modelo comercial no es lo mismo que canal de distribución, cuestión que solemos involuntariamente confundir. Canal de distribución es la vía que utilizamos para hacer llegar nuestros productos y servicios al consumidor final o usuario, modelo comercial es la manera en que opera nuestra fuerza de ventas y nuestros productos o servicios.

Es imprescindible la existencia de un modelo comercial como respuesta a la necesidad de integrar redes comerciales y la creación de nuevos equipos que quieran impulsar con éxito un negocio. Es por esta razón que buscan políticas y estrategias para evolucionar y enfocar la gestión del área comercial, buscando siempre la efectividad en la gestión comercial. El área de Recursos Humanos y el área Comercial no pueden trabajar como áreas separadas, puesto que impulsan el modelo de gestión comercial de manera exitosa. El modelo debe ser diseñado e implementado con el fin de llegar a la mayor cantidad de clientes. Para ello, es necesario tener definidos los procesos y las funciones del equipo con un perfil comercial, que deben estar respaldados por el área de Recursos Humanos.

Los modelos comerciales que a continuación se detallan son los más utilizados en las estructuras estratégicas de la Dirección Comercial en el día de hoy. Existen otros y seguirán entrando más, pero estos son los más utilizados por su eficiencia en la gestión comercial.

La Dirección Comercial debe estratégicamente escoger aquel o aquellos que considere siempre desde un aspecto analítico, determinantes para obtener los objetivos de compañía. No hay mejores ni peores, simplemente son opciones y todas ellas cuentan con grandes ventajas y, por supuesto, con algún inconveniente o riesgo. Lo que realmente importa es la ordenación y organización de las estructuras sin que estas afecten a la estrategia de la compañía o de la misma Dirección Comercial.

MODELO COMERCIAL DE MAYOREO

El mercado mayorista es un componente de la cadena de distribución en donde la empresa en vez de colocarse de cara al consumidor o usuario final, lo hace a través de intermediarios, en este caso llamados mayoristas. Estos a su vez pueden emplear otro eslabón en la cadena utilizando a minoristas, los cuales serán los encargados de hacer llegar el producto o servicio al consumidor final. La empresa se ve obligada a tener un canal de distribución más largo de uno o dos niveles, ya que sus productos o servicios antes de llegar al consumidor final, pasan por uno o dos intermediarios. El modelo comercial en esta ocasión obliga a tener un canal de distribución determinado, aunque en ocasiones los mayoristas solo ejercen de agentes de ventas, siendo la empresa matriz quien lleva el producto o el servicio al cliente. Por lo tanto es posible tener un modelo comercial de mayoreo y tener un canal de distribución de nivel cero (0).

Un mayorista es aquel que compra productos o servicios y hace transacciones con estos. Es el que ejerce de embajador de la marca y por consiguiente se podría decir que es la marca en sí.

Las ventas al por mayor se pueden dar por las siguientes circunstancias:

- Las pequeñas empresas no cuentan en ocasiones con caja suficiente para llegar a consumidores o usuarios finales.
- Puede darse el caso de que las rentabilidades en las operaciones de distribución superan la venta de los productos (pequeñas cantidades de ventas que no son rentables).
- La producción de los minoristas no justifica esfuerzos de venta enfocados a consumidores finales.
- En empresas de nueva creación, se prefiere tener menos margen o compartirlo que obtener costes altos en las operaciones.
- No tener suficiente conocimiento sobre aspectos comerciales.
- Hay empresas que dedican sus esfuerzos a la fabricación, siendo este su *core* y deben, entonces, buscar la manera de ofrecerlos al usuario final.

Dadas estas circunstancias, las decisiones de empresas que producen pasan por tener intermediarios, los cuales se encargan de realizar la venta, o bien tratar el producto o servicio a través de minoristas. Incluso hoy día, a través de la red se pueden establecer alianzas estratégicas para ofrecer productos o servicios a través de portales diferentes al de la empresa matriz, obteniendo con ello una horizontalidad en la estrategia y llegando a un mayor número de personas.

Clasificación del mercado de mayoreo

1. *Mayoristas comerciantes.* Empresa que actúa de manera independiente con el objetivo de vender directamente los productos o servicios, muchas veces en exclusiva.
2. *Los agentes intermediarios mayoristas.* Empresa que, también de manera independiente, se dedica a la venta al mayoreo, pero en este caso sin tener la exclusividad de los productos o servicios a su cargo en la distribución. Podemos encontrar en esta categoría a agentes de bolsa, de seguros, *freelance* a comisión... que reciben una remuneración variable (comisión) por la venta de los productos o servicios. Este, por ejemplo, sería un caso en donde el modelo comercial no condiciona el canal de distribución escogido.
3. *Agentes distribuidores.* Los agentes distribuidores con gran similitud a los mayoristas, sin embargo, cuentan con una diferencia clave.

Los vendedores al por mayor pueden llegar a tener una variedad de productos de la competencia, por ejemplo, productos que entre sí compiten en el mercado, mientras que los distribuidores solo distribuyen líneas de productos complementarios que no compiten con otros en su porfolio. Valga como ejemplo: una distribuidora de bebidas espirituosas puede distribuir a través de su estructura comercial varias marcas del mismo licor.

Otros tipos de intermediarios mayoristas

- *Compañías subastadoras.* Compañías que ayudan a compradores y vendedores a completar operaciones comerciales. Esto aplica fundamentalmente a artículos de lujo, aunque cada vez es más frecuente ver este tipo de negocios para muchos otros productos de un nivel adquisitivo menos elevado.
- *Agentes de ventas.* Son intermediarios independientes que contractualmente están vinculados a una compañía para la venta de sus productos o servicios. Podríamos incluir en esta categoría las *task force* o simplemente personas independientes que gestionan la venta de varios productos o servicios de empresas.
- *Agentes importadores-exportadores.* Empresas especializadas en mercados internacionales. También llamados bróker y que en algunas circunstancias su papel es vital para un buen desempe-

ño y desarrollo de una expansión, por ejemplo. Muchas compañías desean entrar en los mercados asiáticos debido al volumen de clientes potenciales que estos mercados manejan. Sin embargo, la complicación y barreras de entrada son enormes. Tener un bróker en el país de destino siempre facilita mucho más las cosas.

Ventajas y desventajas del modelo comercial de mayoreo

Cada vez más podemos apreciar que las empresas utilizan los canales de distribución directos o de nivel cero con el objetivo de buscar ciertas eficiencias, que no van en términos de coste sino de calidad en la atención hacia sus clientes. Un ejemplo de muchos lo vemos en Dell Computer, empresa que basa su modelo de negocio en la entrega directa y personalizada de computadoras negándose a utilizar intermediarios en la venta, ofreciendo precios bajos. Algunas empresas utilizan sistemas verticales de mercado o integraciones verticales para coordinar sus estrategias con otras, y así desplazar a un segundo plano a los mayoristas. Sin embargo, el mayorista utiliza sus redes comerciales para llegar más fácilmente a los consumidores o usuarios finales. Estas redes comerciales propician ventajas competitivas cuando hay un buen conocimiento del mercado y gran aceptación de la marca.

Los costes representan en este modelo una ventaja importante pues al no tener directamente una estructura comercial para la realización de la venta, este los asume el mayorista con su propia fuerza de ventas. Es posible si esta cuestión no se analiza ni se desarrolla adecuadamente que lo que en un principio resulta eficiente en costes, sea un decremento importante en beneficios ya que una principal amenaza o riesgo radica en la pérdida de control y supervisión o desconocimiento de cómo llega nuestro producto al usuario o consumidor final. Empresas como Apple son perfectamente conocedoras de estos riesgos y siempre que utilizan un modelo comercial de estas características, establecen contractualmente acuerdos para evitar esta amenaza que puede resultar desastrosa para una empresa. Si el mayorista no es realmente un embajador de nuestra marca, esta se puede ver afectada y arrastra como efecto dominó a una pérdida de confianza difícilmente recuperable de la misma.

Sin embargo, una de las mayores ventajas está en la vinculación con el mayorista. Si tenemos una red de mayoristas establecida por zonas y en exclusividad, nuestra relación con ellos crea una vinculación de fidelidad y confianza enorme ya que podemos establecer contactos periódicos y, por supuesto, con menos estructura indirecta llegar a más clientes. Esta fidelización bien desarrollada establece lazos estratégicos muy importantes para obtener una eficiencia en las ventas. Para ello es necesario tener una clara supervisión del mayorista con el fin de garantizar que nuestros productos y/o servicios están llegando a los clientes de la forma procedimentada.

Igualmente se establecen mayores volúmenes de venta si, por ejemplo, se llega al acuerdo de que el mayorista debe contar con un *stock* de nuestros productos. No es lo mismo vender a 100 clientes 1000 productos, que vender a 1 los 1000 productos.

Por tanto, las ventajas o desventajas dependen en gran medida de los acuerdos contractuales a los que lleguemos. Con una buena supervisión del producto, de la estructura del mayorista y de los márgenes, se podría perfectamente llegar a ser muy eficiente con un modelo comercial de estas características. No se trata de delegar toda la responsabilidad comercial en el mayorista, se trata de trabajar codo a codo con él.

MODELO COMERCIAL *RETAIL*, DETAL O *RETAILING*

La Ley de Ordenación del Comercio Minorista de 1996 indica que «cualquier actividad desarrollada profesionalmente con ánimo de lucro, consistente en ofertar la venta de cualquier clase de artículos a los destinatarios finales, utilizando o no un establecimiento», así, se entiende por este modelo comercial el sector que engloba a las empresas especializadas en la comercialización masiva de productos o servicios uniformes a grandes cantidades de clientes.

Denominado mercado minorista o negocio minorista es el negocio que vende directamente al consumidor o usuario final. En los últimos años se ha visto un desarrollo de expansión de cadenas de tiendas con unas dimensiones extraordinarias. Llamar a estas megatiendas comercio minorista resulta paradójico, pero sí que forman parte del modelo de negocio de *retail*. Por supuesto que el modelo atiende a una segmentación dada la casuística del negocio y que veremos más adelante.

Podemos observar en este modelo, por ejemplo, grandes superficies que ofrecen dentro del modelo una estrategia de precios bajos, otro, sin embargo, se diferencian por ofrecer calidad, comodidad, cercanía, etc. El modelo de negocio de *retail* tiene una gran versatilidad como principal ventaja, sin embargo este es su gran talón de Aquiles, pues su principal enemigo convive dentro del modelo. Actores internos y actores externos, como el gigante Amazon, son amenazas que pueden llegar a transformar el negocio en sí.

Muchos son los que piensan que el *retail* está pasando por momentos ciertamente delicados por la amenaza inminente de empresas tipo Amazon o Aliexpress. Sin embargo, la verdadera amenaza del *retail* está justamente en no considerar sus oportunidades que hoy día siguen existiendo en cuanto a innovación se refiere y estar fijando su mirada continuamente en competidores que aún no juegan en su categoría. Amazon o Aliexpress quieren cambiar el statu quo del negocio *retail*, este es su ataque frontal, incorporando incluso tiendas físicas en centros neurálgicos. La amenaza puede ser clara y directa pero las ventajas del *retail* siguen siendo extraordinarias, aunque esto tendría su propio protagonismo en otro libro.

Algunas de las funciones que lleva a cabo el mercado minorista en la ejecución de su trabajo son:
- Surtido de bienes y servicios adaptándose a las necesidades de los clientes.
- Ofrece los productos en forma y cantidades requeridas por los clientes.
- Facilita la adquisición en el lugar adecuado.
- Exposición e interactuación directa por parte del cliente de los productos.
- Desarrollar políticas comerciales y prestar diferentes servicios.

Según la especialización del minorista, en una o varias funciones, se podrán distinguir los distintos tipos de minoristas.

Clasificación del comercio minorista

Como comentamos al principio, el comercio mayorista se ha transformado durante muchos años adoptando varias formas y figuras. Si bien se entiende que con independencia de la forma que adopte, sigue clasificándose como modelo de negocio de *retail*, es cierto que podemos ver desde una pequeña tienda atendida por el mismo dueño a grandes espacios bajo el paraguas de la misma marca, pasando por cadenas de tiendas gestionadas por la misma sociedad. Todos ellos se engloban dentro del modelo ya que su venta está dirigida directamente al consumidor final. Podríamos pensar en la siguiente clasificación, pero desde luego cada día se ven nuevas formas dentro de este fantástico modelo de negocio.

1. *Comercio independiente.* Es la sociedad cuyo dueño o propietario desarrolla las actividades de manera individual o autónoma. Estamos hablando de lo que denominamos negocio tradicional, cuya estrategia hoy día es adoptada por los grandes espacios de *retail* con el fin de obtener la cercanía hacia el cliente que siempre han tenido este tipo de negocios. En términos de segmentación se puede hablar de un negocio tradicional en los siguientes aspectos:

   - contar con un local cuya medida suele menor de 100 m².
   - contar con menos de tres empleados.
   - contar con un punto o dos de venta físico.
   - contar con un equipamiento básico, régimen de venta tradicional y forma jurídica de persona física.

2. *Comercio asociado.* Lo comprende una sociedad de *comercios independientes o tradicionales* que se agrupan en dicha sociedad para realizar su estrategia de cara al cliente. Se podría clasificar en las siguientes:

   - *Franquicias.* La Ley de Ordenación del Comercio Minorista la define como «Actividad comercial que se realiza en base a un contrato por lo cual una empresa: el franquiciador concede a otra, el franquiciado, a cambio de un pago directo o indirecto, el derecho a la explotación de una franquicia para comercializar determinados tipos de productos o servicios».

     Este engloba el uso de una denominación o encabezado común y una presentación uniforme de los locales o de los medios de transporte objeto del contrato; la comunicación por el franquiciador al franquiciado para capacitarlo y la prestación continua por el franquiciador al franquiciado de asistencia comercial o técnica durante la vigencia del acuerdo.

     Dada la casuística de este concepto, obtiene un protagonismo especial y se considera por si solo un modelo comercial que se detallará más adelante.

   - *Cooperativa de detallistas y centrales de compra.* Asociaciones de minoristas conformadas por un conjunto de detallistas, el cual, adoptando la misma forma jurídica de cooperativa, tienen como tarea llevar a cabo las compras de manera conjunta y realizar de manera mancomunada algunos servicios.

Este concepto se desarrollo a partir de los años ochenta con el objetivo de hacer y realizar grupos de presión y así obtener mejores márgenes de maniobra. La entrada de grandes grupos privados y marcas muy potentes en diferentes sectores hizo pensar que el *retail* se quedaría en manos de muy pocos. De esta sencilla manera pequeños detallistas, concentrados en grupos, obtenían la fuerza suficiente para competir en cualquier mercado.

Las centrales de compra constituían un grupo de presión hacia los grandes emporios para competir en igualdad de condiciones. Se compraba a escala con mejores costes y de esta manera el pequeño minorista podría, a través de una marca común, beneficiarse de vender a mejor precio y de estar apoyado por una marca que en algunos casos llegaba a tener a más de 1500 asociados dentro de un mismo país. Hoy día, este tipo de centrales han disminuido en sus asociados en más de un 50 % debido, fundamentalmente, a la caída de las ventas, y en sus repuntes no han conseguido aún llegar a las cifras que antaño tenía. Este tipo de negocio sin aplicar apenas innovaciones en su modelo podría tener los días contados.

La diferencia entre cooperativa y central de compra radica fundamentalmente en la parte contractual vinculante del detallista al grupo.

- *Centros comerciales.* Según la Asociación Española de Centros Comerciales (AECC) un centro comercial es «Un conjunto de establecimientos comerciales independientes, planificados y desarrollados por una o varias entidades, con criterio de unidad, cuyo tamaño, mezcla comercial, servicios comunes y actividades complementarias están relacionadas con su entorno, estableciendo una imagen fija y gestión unitaria».

  El desarrollo y expansión que han tenido los centros comerciales en los últimos años ha llevado a cambiar la manera de comprar de un cliente. El flujo de clientes que puede diariamente pasar por un centro comercial es un atractivo para cualquier negocio. Podríamos incluso afirmar que la manera en que tenemos como clientes de pasar una tarde se puede ver en «ir al centro comercial» en donde encontraremos ocio para todos los integrantes de la familia. Este conjunto comercial de tiendas está cambiando la cultura del consumidor más allá de lo que entendemos por ir de compras. Hoy vamos al centro comercial a pasar incluso el día pues la oferta de servicios es inmensamente extraordinaria. Por tanto, si tenemos un negocio en un centro comercial, el tráfico de clientes podemos tenerlo asegurado con un caladero de tal magnitud. Ahora bien, contar con mucho flujo de clientes es una buena razón para estar, pero hay que tener en cuenta que luego tenemos que hacer que este entre en nuestro negocio. Normalmente los costes de estar en un centro comercial son altos y los locales suelen pertenecer a grandes cadenas o marcas de cualquier sector.

- *Mercados municipales.* Es una clasificación que en 2005 sufrió una modificación en su estrategia bastante significativa. Como negocio tradicional podemos entender este negocio como un detallista o *retail* que vende productos en su mayoría frescos al consumidor final. Un conjunto de negocios que ofrecen la cesta o compra del día. Sin embargo, en los últimos años estos locales de importantes dimensiones han trazado un camino diferente, no solo podemos seguir comprando como negocio tradicional, sino que el nuevo modelo incluye el pasar un agradable rato pudiendo saborear cualquier producto que podamos comprar. Existen mercados en donde lo que compramos se nos puede cocinar en el momento. De la misma manera podemos degustar platos típicos de la zona o geografía y poder incluso alternar con alguna copa. El reclamo turístico es tan elevado que muchos de ellos han tenido que restringir el paso por alta ocupación y, aun así, la gente se agolpa en las puertas esperando a su turno para entrar a disfrutar de esta maravillosa oferta. La innovación que se está viendo en estos últimos años de recuperación de estos lugares emblemáticos de una ciudad pasa por convertirlos en lugares sociales de encuentro, y por tal motivo estamos asistiendo a un proceso de recuperación que las centrales de compra no han encontrado aún. La innovación llevada a cabo por estos

negocios pone en peligro el negocio tradicional que aún sigue teniendo muchos fans.
3. *Comercio integrado.* Son aquellas empresas de distribución que mediante el proceso de integración reúnen las funciones de mayorista y minorista. El grado de compromiso da lugar a distintos formatos en función de la estrategia que se defina.
   - *Grandes almacenes.* Según la Asociación Nacional de Grandes Empresas de Distribución se definen como «establecimientos de gran superficie (superior a los 4000 m²) que ofrecen al público, fundamentalmente, artículos de vestir, hogar y consumo en general, distribuidos en secciones, con amplios surtidos y con un gran número de empleados». Se caracteriza principalmente por ofrecer gran variedad de servicios a los consumidores. Por lo general, no ofrecen productos de alimentación aunque cada día es ver esta oferta dentro de su porfolio.
   - *Almacenes populares.* Se definen como «establecimientos de gran superficie (inferior a los 4000 m²), estos venden artículos de primera necesidad, con surtidos limitados en gama y precios bajos. Utilizan el libre servicio y la superficie comercial se organiza en secciones».
   - *Hipermercados.* Se definen como «establecimiento comercial detallista situado en zonas urbanas que, en régimen de autoservicio, ofrece una amplia gama de artículos de alimentación en una superficie de venta superior a los 2500 m² y que dispone de una zona de aparcamiento además de otros servicios complementarios».
   - *Supermercados.* Establecimientos que ofrecen productos de gran consumo en libre servicio en una superficie comercial entre 400 y 2499 m².
   - *Tiendas descuento.* Empresas que en libre servicio ofrecen una cantidad de productos reducido, con un nivel de servicios mínimos. Los costes se reducen mediante personal, inversiones en establecimiento mínimas, menor surtido, poca publicidad, etc. lo que les permite disminuir los precios. Los productos que se venden son de gran consumo.

Esta clasificación permanece viva continuamente pues como todos sabemos el negocio del *retail* siempre nos depara nuevas sensaciones, actores que salen y que entrar, estrategias múltiples y de innovación que hacen que sea un modelo necesario incluso para el día a día de todos nosotros.

Ventajas y desventajas del modelo comercial de retail

La información y orientación al cliente representa una ventaja competitiva en este modelo de negocio que permite al *retail* ir un paso por delante de cara al consumidor o usuario final. Podemos interactuar con nuestro cliente, en los horarios establecidos al uso, de la manera más eficaz que estipulemos y mostrarle un producto o servicio para que este pueda ser manipulado por él. Estas cuestiones, entre otras, representan una ventaja, sin embargo, el cliente tiene que entrar en nuestro establecimiento y esa cuestión, si no está bien desarrollada, puede llegar a costarnos la vida del negocio. De hecho, un gran porcentaje de negocios no llegan al año de vida, frontera en la que se entiende que un negocio de *retail* pasa la curva de aprendizaje.

La información de cliente que se puede obtener mediante este modelo comercial es vital para entender hábitos de consumo y tendencias, entre otros. La experiencia de cliente pasa a ser determinante para hacer crecer el negocio. Los indicadores o KPI que establezcamos en un cuadro de mando integral (CdM) representan el *core* o núcleo de cualquier organización dedicada al *retail*, sobre todo para una Dirección Comercial.

El *retail* nos da la facilidad de centralizar la gestión en uno o varios puntos de venta (PdV), lo que nos lleva a una reducción de análisis descentralizado, es decir, cualquier proceso o procedimiento integrado en un PdV es llevado a cabo por personas que se encuentran en un entorno específico y limitado, lo que nos lleva a poder personalizar nuestra marca a través de las diferentes comunicaciones que realizamos dentro del PdV. Sin embargo, los costes que produce el alquiler o la compra de un local, la estructura que debemos tener atendiendo a horarios, a la atención requerida por un cliente y al producto o servicio que estamos vendiendo, suponen un activo que podría poner en riesgo nuestra cuenta de resultados. La estructura suele ser más verticalizada y aunque este concepto es ciertamente subjetivo y atiende a diferentes opiniones, cierto es que se puede llegar a necesitar a una persona que sea la encargada de llevar el PdV. Si tenemos más de uno, puede ser que necesitemos responsables de zona, y si ya son muchos los PdV, la estructura sigue verticalizándose. Forma parte de la cultura que a medida que crecemos tenemos que ir incorporando personas que se responsabilicen de la gestión de un conjunto de personas. Sin embargo, hoy día deberíamos orientarnos más a la horizontalidad y a la transversalidad de las responsabilidades y funciones. Esto conlleva reducciones importantes en costes y una eficiencia en la gestión. Aquellas compañías que cuentan con PdV y que están incorporando programas de innovación en cuanto a cambio de cultura incorporan en sus procesos estos planteamientos, consiguiendo beneficios y reduciendo costes. Es una cuestión muy discutida hoy día en el mundo del *retail*, pero que, sin duda, debemos de ponerla encima de la mesa.

MODELO COMERCIAL DE FRANQUICIAS

Uno de los modelos comerciales más difundidos a nivel mundial son las denominadas *franquicias*. En los últimos diez años este concepto se ha visto disparado por la cantidad de nuevos negocios emprendidos en este espacio de tiempo. Se desarrolla una nueva idea y si la proyección de la misma muestra estabilidad, se vuelve rápidamente franquicia. Existen ferias específicas en donde se reúnen un gran número de personas emprendedoras ofreciéndolas diferentes negocios en diferentes sectores. Una ventaja de las franquicias es justamente que cualquier «persona» (vamos a ponerlo entre comillas) podría tener un negocio gracias al *know-how* que tiene ya la franquicia.

Como definición, podríamos decir que un *modelo comercial de franquicias* es la concesión de derechos de explotación de un producto o servicio, actividad o nombre comercial, otorgada por una empresa a una o varias personas en una zona determinada.

Las franquicias constituyen una relación comercial entre dos partes independientes, en la que una de ellas (franquiciado) obtiene una licencia o derecho que le permite iniciar un negocio, utilizando una marca y el conocimiento de otra empresa que está consolidada en el mercado (franquiciador), por un tiempo y lugar determinado. Actualmente las franquicias constituyen un mecanismo, a través del cual las empresas se están expandiendo y creciendo sin necesidad de invertir y arriesgar una gran cantidad de dinero para tal fin.

Se sabe que las franquicias han existido por muchos años, pero se hizo famoso en los EE UU en la década de 1930, cuando se establece la electricidad (Western Union) y el uso de automóviles en forma masiva. En la década de 1950, el sistema el sistema de franquicias tomó un gran impulso gracias a la autopista interestatal y basada en la venta de alimentos o establecimientos de servicios. McDonald's sería el primer establecimiento de este tipo en cosechar un éxito global.

Actualmente es muy común en el sector de minoristas la utilización del sistema de franquicia (comida, ropa, electrónica) y según la Asociación Internacional de Franquicias aproximadamente el 4 % de todos los negocios en los Estados Unidos corresponden a franquicias.

Elementos que constituyen una franquicia

- *Franquiciador*. Es la persona física o jurídica propietaria de una marca y amplio conocimiento del negocio y decide cederlos a otra persona (el franquiciado) mediante un acuerdo contractual.
- *Franquiciado*. Es la persona física o jurídica que inicia su empresa en sociedad con el franquiciador mediante un acuerdo contractual.
- *Marca*. El franquiciador es el propietario de una marca que posee notoriedad en el mercado y cede su uso al franquiciado, quien deberá utilizarla respetando las condiciones establecidas por el propietario, manteniendo la identidad corporativa y siguiendo estrictamente las instrucciones que le fueren definidas
- Know-how. Es el conocimiento del negocio. Es decir, los procesos, sistemas y normativas propios de la marca. Además de la marca, este aspecto constituye el distintivo que asegura la rentabilidad y éxito de la franquicia. Es usual que el franquiciado reciba la documentación necesaria con los procedimientos a seguir.
- *Contrato*. Es el documento jurídico que establece la relación entre las partes, con las condiciones que permitan lograr el éxito de la franquicia. El incumplimiento de las cláusulas del contrato suelen traer consecuencias graves para los franquiciados.

Tipos de franquicias

Existen muchos tipos de franquicias y se listan a continuación las que han tenido mayor presencia en el mercado y se pueden clasificar de acuerdo a criterios comúnmente aceptados:

1. Según la actividad.
    - *Franquicia industrial*. Se da cuando ambas partes son industriales. En este caso se cede, además del *know-how*, el dere-

cho de fabricación y comercialización del producto; además de la marca, los procedimientos administrativos y la gestión. El franquiciado por lo general solo distribuye el producto en la zona que le ha sido asignada según contrato. Empresas como Coca-Cola utilizan este tipo de conceptos en sus diferentes países de distribución.

- *Franquicia de producción.* En este caso, es el propio franquiciador quien fabrica y produce los productos, y es el franquiciado quien los vende al consumidor final. Generalmente, este tipo de franquicia le permite al franquiciador asegurar la venta de una parte de su producción, dado que compromete a los franquiciadores mediante contratos exclusivos a adquirir sus productos. Asimismo, el franquiciador acorta el canal de distribución controlando directamente la venta final de sus productos. Existen muchos ejemplos en concesionarios de gasolineras y de automóviles.

- *Franquicia de distribución y ventas.* El franquiciador se dedica a revender los productos fabricados por otras empresas. La venta final se da a través de una red de franquiciados. El rol del franquiciador es equivalente a una central de compras. Eventualmente el mismo franquiciador puede elegir vender sus productos. Este tipo de franquicia brinda muchas facilidades para internacionalizar la empresa. Se puede decir que es el concepto más extendido en el mundo de las franquicias.

- *Franquicia de servicios.* En estos casos la principal característica del negocio es la metodología ofrecida por el franquiciador, por lo que es muy importante la transmisión del «saber hacer» (*know-ho*). Se requiere que el franquiciador tenga un mayor control de las actividades del franquiciador para garantizar una adecuada calidad del servicio y de esta manera evitar problemas que afecten a la marca en general. Un ejemplo con presencia a nivel mundial lo constituye McDonald's, aunque este concepto debería ser de obligado cumplimiento para el resto de los conceptos expuestos. Si no hay supervisión, ni control sobre el franquiciado, la marca se puede ver seriamente perjudicada.

- *Franquicia mixta.* Este tipo de franquicia está relacionada con los casos de negocios que involucran tanto el producto como el servicio. Es una mezcla de la franquicia de producción y franquicia de servicios. Como ejemplo están los casos de hostelería.

2. Según la relación.

- *Franquicia individual o múltiple*. Se da según la cantidad de franquicias que se adquieran. La forma típica en que un empresario desea iniciar un negocio es adquiriendo una franquicia de una marca conocida en el mercado y muy bien posicionada. Si adquiere más de una franquicia de la misma marca se convierte en una franquicia múltiple.
- *Franquicia principal o maestra*. En este caso el franquiciado asume el rol del franquiciador en un área de concesión exclusiva, en la que incluso el franquiciado puede convertirse en franquiciador para otros individuos o empresas en dicha zona de concesión. Generalmente, los territorios asignados en la concesión son relativamente grandes para el cumplimiento de sus objetivos. Normalmente es el modelo que se utiliza para exportar un negocio a otros países.
- *Participación accionarial*. Son los casos en que una de las partes tiene participación en el accionariado del otro. También se conoce como franquicia asociativa. Existen como ejemplo casos en que el franquiciador es socio del franquiciado en algunas de las franquicias de este y se comparte el riesgo financiero.

3. Según la ubicación.

- *Franquicia córner*. Son franquicias que se instalan en un reducido espacio dentro de un negocio particular que ya está operando. Se sitúan en una esquina o rincón de este. Generalmente están relacionadas o es complementaria a la actividad que el establecimiento franquiciado desarrolla. Se establece este tipo de franquicia para ahorrar costes (agua, luz, alquiler de local, otros). Estas franquicias se ven con frecuencia en los centros comerciales.
- *Franquicia* shop in shop. Son franquicias que se instalan dentro de otros negocios como si fueran parte de este, pero que son realmente independientes. En apariencia se muestran como parte del mismo negocio, como camuflada con la mis-

ma decoración. Constituyen un concepto de *retail* y se ubican en un espacio comercial multimarca de mayor tamaño.
- *Franquicia* on-line. Son franquicias basadas en el comercio electrónico. La ventaja de esta franquicia es que no se requiere contar con un espacio físico, pero sí se requiere contar con la plataforma de venta a través de internet.

Derechos y obligaciones de una franquicia

Dada la variedad de franquicias existentes, es importante tener muy claro que derechos y obligaciones se tiene al enfrentar un modelo de negocio por franquicias. Dado que es una relación de dos, dependerá de la posición que se tenga.

1. Perspectiva del franquiciador.

    Son derechos del franquiciador:
    - Cobrar una prima o cuota inicial y regalías por su marca y *know-how*.
    - Exigir al franquiciado el cumplimiento de todos los aspectos que garanticen un adecuado manejo del negocio, la confidencialidad de los procesos internos y adecuada utilización de los métodos de gestión establecidos en la franquicia.
    - Decidir cuestiones estratégicas que considere oportunas para mejorar el negocio.

    Son obligaciones del franquiciador:
    - Estar constituido formalmente en su calidad de franquiciador, habiéndose inscrito en el Registro de Franquiciadores o institución que lo sustituya.
    - Monitorear el inventario si corresponde y la calidad de productos y servicios brindados al cliente final.
    - Facilitar el contacto de sus proveedores y/o insumos necesarios para que el franquiciado obtenga el producto deseado.
    - Asesorar al franquiciado en todos los aspectos que este requiera relacionado al negocio y el aseguramiento de la calidad esperada.

2. Perspectiva del franquiciado

    Son derechos del franquiciado:
    - Usar la marca y *know-how* del franquiciador mientras se encuentre vigente el contrato respectivo.

- Recibir la asistencia de parte del franquiciador para poner en marcha el negocio y la documentación necesaria para asegurar los procedimientos a seguir para lograr el éxito esperado.
- Recibir los recursos que garanticen un adecuado desarrollo de las actividades.
- Exclusividad en el territorio definido, de acuerdo a los alcances de la franquicia.

Son obligaciones del franquiciado:

- Aplicar fielmente los métodos y sistemas establecidos por el dueño de la marca.
- Mantener total confidencialidad de la información sobre los procesos que involucre la franquicia.
- Respetar estrictamente las normas establecidas en el acondicionamiento del local, los métodos publicitarios y cualquier otro aspecto que distinga la franquicia.

Ventajas y desventajas del modelo comercial de franquicias

Sin duda, el *know-how* representa la ventaja fundamental para este tipo de modelos comerciales. Una buena franquicia pone a disposición del franquiciado toda una base de conocimientos en forma de procesos, procedimientos y formación continua que hace que obtengamos un conocimiento y, sobre todo, el comportamiento adecuado para poder llevarla a cabo como franquiciados. Por otro lado, y más que considerarla como desventaja, es un riesgo si no tenemos en cuenta el perfil del franquiciado que se requiere. Muchas veces con tal de vender la franquicia, la dejamos en manos de personas con poca experiencia y talento, lo que conlleva a poner en riesgo la marca.

El contar con una exclusividad (aunque depende del tipo de franquicia) es una ventaja. Pasamos a formar parte de una comunidad con una marca reconocida y establecida (en algunos casos), y como franquiciados tenemos la exclusividad contractual de explotar la marca en la zona designada a tal efecto. Para el franquiciador, representa tener la marca en más lugares y reducir costes de estructura.

El acceso como franquiciador a economías de escala representa un beneficio a corto sin necesidad de invertir por encima de lo estipulado por la franquicia. De esta manera accedemos al mercado no como uno más, sino como un representante o embajador de una marca en un lugar en concreto.

Una de las cuestiones que plantean problemas a corto para el franquiciador, es la falta de supervisión al franquiciado y la consiguiente perdida de control sobre lo que realiza este. Una franquicia exige de tener perfectamente estructurado los procesos y procedimientos que el franquiciado debe de realizar con la supervisión periódica por parte del franquiciador. Igualmente, si no hay la suficiente diferenciación y exclusividad de los productos o servicios, el riesgo de fuga es inminente, ya que para el franquiciado supone ahorro en costes. En hostelería se suele ver este aspecto, dejando de lado al franquiciador y desarrollando un negocio similar al del franquiciador. Es importante por este hecho que exista siempre esa diferenciación y exclusividad y en franquicias jóvenes no siempre se consigue.

MODELO COMERCIAL DE VENTA DIRECTA

Se entiende por *venta directa* la comercialización de bienes y servicios directamente al consumidor, mediante la demostración personalizada por parte de un representante de la empresa vendedora. Dicho representante forma parte contractual de la compañía como trabajador de esta y dentro del departamento Comercial.

La venta directa es el primer contacto con el cliente potencial y más que el primer contacto se podría decir que también es el representante del cliente para la empresa. El personal de venta directa suele atender una cartera de clientes o bien realizan tareas de captación únicamente para la empresa. Dependiendo del sector, producto o servicio, el personal de venta directa puede tener diferentes atribuciones o responsabilidades. Si estamos en una empresa en donde se realizan ventas de un solo acuerdo (también llamado *one-off*), las responsabilidades del personal de venta directa son totalmente diferentes a si tenemos que atender una captación y una futura fidelización.

De hecho, podemos ver en algunos sectores como existen personas que son captadoras y otras dentro del mismo departamento que se encargan de la venta. Este modelo que convive con el modelo de venta directa es muy significativo en las inmobiliarias, que por un lado se dedican a captar viviendas y por otro a venderlas, siendo diferentes personas quienes realizan ambas transacciones. Como cualquier modelo tiene sus ventajas e inconvenientes, pero lo principal es tenerlo ordenado y analizado.

Existen cinco tipos de modelos de venta directa, las cuales son:

1. *Ventas cara a cara o de persona a persona.* La venta está dirigida a clientes de uno en uno del producto o servicio por el distribuidor y es de carácter individual.
2. *Venta en reuniones sociales, ventas/clases grupales.* La venta está dirigida a un grupo pequeño de clientes y se realiza mediante eventos sociales o reuniones.
3. *Estructura de compensación.* Son los medios de retribución por el cual se le compensa las ventas al distribuidor o contratista.
4. *Mercadeo en red (multinivel).* Es una estructura conocida como multinivel en donde la compañía matriz genera unas comisiones hacía sus representantes de primer nivel y estos a su vez cobran comisiones de los representantes de otros niveles, estableciendo lo que se conoce como estructuras piramidales. Este tipo de compensación se recibe en adición a los beneficios al por menor, que es la diferencia entre el precio al por mayor de un artículo y el precio de venta al por menor.
5. *Venta plana.* Es una estructura por la cual la compañía matriz no abona ningún tipo de comisión por la venta de sus productos. El margen que se obtiene es fruto del margen que estructura el contratista, o lo que es lo mismo, la diferencia entre el precio al por mayor y el precio de venta final al por menor.

Ventajas y desventajas del modelo comercial de venta directa

En realidad, el que nos encontremos en un escenario directo con nuestro cliente fomenta el trato personalizado que recibe un cliente al ser atendido por un representante de venta directa. Recordemos que la venta directa es la que llega directamente al usuario o consumidor de los productos o servicios que vendemos, es decir, el cliente de venta directa no comercia con los productos o servicios que adquiere a través de su representante.

Nos gusta vincularnos. De hecho, nuestras relaciones se basan en la vinculación emocional que tenemos con el mundo que nos rodea y estas se estrechan en función de lo vinculados emocionalmente que podemos estar. En la venta ocurre lo mismo y eso crea beneficios mutuos entre clientes y fuerzas de venta en cualquiera de los modelos en donde exista un sistema nervioso, es decir, inteligencia emocional. El tratar de manera continua con un cliente también podría ser una desventaja, pero si las cosas las hacemos como se debe y tenemos una red de venta directa inmejorable, esta condición nunca sucederá (en el Capítulo 4 «El equipo comercial» hablamos más detalladamente de ello). Lo que importa es el trato y que el cliente se sienta perfectamente representado por el comercial de venta directa y que el comercial de venta directa represente y sea un embajador leal de su marca. Esto crea una exclusividad de patrimonio que no tiene precio. Un cliente bien atendido no se va a la competencia, incluso si la oferta es mejor, eso lo puedo asegurar.

Por otro lado, podemos tener ciertas desventajas en costes, pero esta solo será una desventaja si la red no produce un beneficio. No tiene nada que ver el número o volumen de personas contratadas, sino el beneficio y si hay pasivo laboral, es decir, el gasto que supone una persona que lleva un tiempo en una empresa y que a la hora de liquidarla hay que abonar una cantidad en función del tiempo trabajado (aunque esto depende de cada país y de los convenios establecidos al uso). Estas cuestiones bien analizadas no crean ningún problema para tener una venta directa de la dimensión que consideremos (atención a la Ley de rendimientos decrecientes. Véase el Capítulo 4 «El equipo comercial»).

Este tipo de modelo comercial es muy utilizado por la venta multinivel que es un tipo de ventas directa, donde los consumidores recomiendan y el marketing de boca a boca se vuelve crucial para que el sistema de ventas funcione de manera exitosa. El modelo multinivel realiza y genera ingresos lineales a través del sistema de ventas directas e ingresos residuales, esto se logra con un incremento en la colocación del producto o servicio en el mercado, generando facturación por la compensación que incentiva y estimula el trabajo de los distribuidores por compartir el producto o servicio. Puesto que el producto llega al cliente directamente, se encuentra implícito un servicio de entrenamiento que los distribuidores realizan, donde quedan más clientes satisfechos.

Igualmente, es muy utilizado en empresas de venta domiciliaria y empresas de seguros en donde la red comercial puede alcanzar unos volúmenes extraordinarios, pero también es un modelo que está relacionado con empresas que venden otro tipo de productos y servicios como, por ejemplo, las empresas de telecomunicaciones u operadoras de telefonía móvil. Cuentan con departamentos de venta directa para atender a clientes de empresa, es decir, usuarios empresa que compran directamente estos servicios a la operadora sin necesidad de hacerlo a través de su *retail*, web o teléfono. Por el volumen que manejan en el que se mueven, atender a estos clientes directamente produce altas cuotas de mercado, fidelización y unos beneficios extraordinarios.

Garantizar en estos casos una perfecta fidelización o lealtad de cliente depende, pues, de tener la perfecta red de venta directa.

MODELO COMERCIAL DE *VENDING*

El *vending* es un sistema de ventas por medio de máquinas expendedoras accionadas por diferentes medios de pago. Aunque es un modelo comercial que puede convivir en las empresas junto a otros modelos, existen empresas cuyo *core business* está representado por este modelo comercial.

Hoy día podemos encontrarnos en una máquina de *vending* productos o servicios que hace tan solo unos años no podíamos imaginar. Desde productos tecnológicos a experiencias de cliente que no son más que tarjetas utilizadas frecuentemente como regalo a terceros y que gratifican con una o dos noches de hotel, visitar un circuito de fórmula 1, montar en globo, etc. Esta línea de negocio está representada casi en su totalidad por productos de consumo rápido o bebidas refrescantes y podemos encontrarnos con estas máquinas en infinidad de sitios. En Okinawa por ejemplo existen máquinas en cruces de caminos en lugares insospechados.

Podemos ver máquinas que ofrecen huevos, móviles, dispensadoras de billetes (tren, *parking*, avión), accesorios de pesca y, hasta incluso, papel higiénico. Japón es uno de los países que más máquinas de *vending* tiene por m². Una de las razones radica en el poco espacio que tienen y de esta manera pueden rentabilizar espacios muy pequeños.

El gasto medio anual en Japón por habitante realizado a través del *vending* es de 440 dólares al año, cuatro veces más que en Estados Unidos, y nueve veces más que en España. Se estima que en Japón hay una máquina automática por cada 23 personas (según el *Japan Guide*), lo cual significa que existen aproximadamente 5,5 millones de estas máquinas en todo el territorio de un país con unos 128 millones de personas.

Podríamos imaginarnos la facturación que supone dicho volumen en el mercado y desde luego nada despreciable para un sector del cual se desconocen muchas cosas.

Ventajas y desventajas del modelo comercial de *vending*

Hoy día la robótica nos permite condicionar una máquina de *vending* para ofrecer variedad de artículos o servicios, y de una manera rápida, pues requiere poco tiempo tanto su montaje como su mantenimiento. Esto de entrada es una ventaja en cualquier modelo comercial, si es eficiente y beneficioso, entonces es un buen negocio. De igual forma es un vendedor 24 horas pues está al servicio de manera continua si lo permiten las circunstancias. Crea mantenimiento, pero no pasivo laboral, y esto, sin lugar a duda, es importante para cualquier mente financiera. Se producen ventas en todo momento, pero es cierto que se despersonaliza el producto. Aunque esta circunstancia para productos de consumo instantáneo no resulta importante, sí que lo puede ser para otro tipo de productos y servicios, y esto es lo que genera cierta desconfianza por parte del consumidor hacia el uso de las máquinas de *vending*. Desarrollar la cultura necesaria para generar la confianza necesaria, si bien en Japón es algo que está conseguido, en otros países como los europeos aún les queda mucho camino por recorrer.

Sin embargo, la perdida de información de cliente es un punto relevante de este modelo comercial. No sabemos quién compra, y en la mayoría de los casos tampoco cuándo. Sí que conocemos el volumen comprado y los artículos vendidos, pero hoy día tener información de cliente es tener un tesoro. Existen máquinas que ya controlan mediante un reloj interno cuándo se producen las transacciones y, por consiguiente, ya conocen qué venden y cuándo, pero todavía es difícil conocer el perfil de cliente que compra. Parece que no es de mucho interés en las empresas de *vending*. Ellos se guían más por el volumen de productos vendidos y la reposición de estos, pero una cuestión es adaptarse a ello y otra muy distinta es tener más información.

Cualquier empresa de *vending* no diría que no a tener el perfil de cliente que compra en cada una de sus máquinas. Aquellas que buscan la innovación pueden llegar a tener más información que otras y en esto Japón nos lleva mucha distancia, teniendo en muchas máquinas minicámaras que identifican rasgos faciales.

Pero ¿quién no ha golpeado o zarandeado una máquina de *vending* alguna vez? Este es el talón de Aquiles del modelo de negocio, las incidencias que son provocadas por dicho modelo generan frecuentemente gastos altos. El vandalismo es otro generador de gastos y ambos contribuyen a pensar en este modelo de negocio que estando vigilado o cuidado es un verdadero edén para las empresas.

Si pensáramos por un momento en nuestro negocio y en cómo adaptar una línea de negocio de *vending* a nuestros productos o servicios, podríamos tener encima de la mesa una línea estratégica extraordinaria. A veces la innovación se encuentra más cerca de lo que pensamos y ver que adaptando determinados escenarios, podemos convertir o desarrollar líneas de negocio muy beneficiosas.

MODELO COMERCIAL DE VENTAS *ON-LINE*

Las ventas *on-line* necesitarían de un libro entero o de una enciclopedia para poder hablar de ellas con total detalle. Nos remitiremos a la directriz de contar con un modelo comercial de negocio de ventas *on-line* con el fin de entender el mismo, lejos de describir la peculiaridad y el gran auge que las ventas *on-line* están teniendo hoy día en todos los sectores.

La venta *on-line* es el tipo de comercio que usa como medio principal para realizar sus transacciones un sitio web o una aplicación conectada internet. Partiendo de esta breve descripción, hoy día podemos ver cómo la propia página web o aplicación de una empresa es un escaparate abierto a todo el mundo y, por ello, el contar con la misma para generar beneficios a través de la venta de productos o servicios se hace indispensable.

Muchos de los negocios que florecen o la mayoría de ellos basan su estrategia en la venta a través de una web o aplicación que se descarga de manera gratuita en cualquiera de los sistemas actuales. Evidentemente el contar con un escaparate tan inmenso hace que la creatividad y la diferenciación sean aspectos claves a la hora de enganchar con futuros clientes potenciales.

El grupo Inditex a través de su marca bandera (Zara), que, por supuesto, cuenta con este modelo de negocio entre otros, tiene preparada la expansión de la venta *on-line* hacia países en donde no está representado físicamente. Actualmente Zara se encuentra representada físicamente en 46 países y mediante este modelo se permite el llegar a más público y, por consiguiente, a conseguir y atacar directamente a sus competidores tanto directos como indirectos.

Innovar es una estrategia que afecta a los procesos tanto internos como externos de cualquier compañía. Utilizar las redes son un claro ejemplo de expansión innovadora de productos y servicios.

Ventajas y desventajas del modelo comercial de venta *on-line*

Si hablamos en términos de costes no hay que decir mucho al respecto. Vender *on-line* no representa un problema generalmente en la cuenta de resultados en cuanto al modelo comercial de negocio se refiere. Si enganchamos con nuestro cliente desde un proceso de ventas de este tipo, tenemos un camino recorrido espectacular si este es el único modelo comercial que utilizamos ya que podemos llegar como indicábamos anteriormente con un mayor *target* de clientes.

A diferencia de otros modelos como el *vending*, la experiencia de cliente que podemos incorporar a nuestro Big Data no tiene precio. Si compramos a través de la red, tenemos que presentarnos, dar nuestra dirección digital y hasta física, nuestra tarjeta bancaria y otros datos que de otra manera siempre son más complicados de obtener. Adicionalmente el algoritmo de algunas aplicaciones o webs consiguen obtener resultados de nuestras preferencias, gustos, tendencias, informaciones personales y profesionales que, si se someten al proceso de una perfecta coctelera, el resultado es extraordinario. Estas cuestiones constituyen una ventaja competitiva que en otros modelos comerciales de negocio o bien son más difíciles de obtener, o bien son más complejas de procesar. Pero no tiene que ser la panacea de los modelos comerciales, simplemente es uno más y como todos también cuenta con determinados inconvenientes.

A pesar de que con el tiempo se va reforzando más, la confianza es uno de los talones de Aquiles del modelo. Cierto es que el porcentaje de confianza en la compra *on-line* va creciendo por días, sin embargo algunos segmentos de público crecen más lentamente (son generalmente los que están en edades por encima de los 50-55 años) y otros más relacionados con el resto de segmentos siguen mostrando desconfianza al tener que pagar por un producto que no han tocado y que aún ni siquiera han visto. Esta desconfianza es, en ocasiones, provocada por los múltiples fraudes que cada día vemos en la red y que genera inseguridad en las transacciones comerciales en la venta *on-line*.

Desventajas que se unen a las infraestructuras de conexión que tengamos, otro factor importante que debemos tener en cuenta a la hora de escoger este modelo comercial. No en todos los países tenemos la misma conexión, infraestructuras de fibra óptica y una velocidad de subida y descarga de archivos iguales. Si ponemos en marcha este modelo, más nos vale saber estos y otros datos técnicos antes de desembarcar en algunas zonas, ciudades, países...

La venta *on-line*, como indicábamos, está cambiando el statu quo, está transformando la manera en que compramos y en cómo lo hacemos. Cada día vemos escenarios nuevos, innovadores y retadores y esto como todos sabemos, no va a acabar aquí.

La supuesta *guerra tecnológica* de las operadoras por tener el control del tráfico del cobro de la red, puede representar un cambio importante en esta transformación. Empresas como Google no pagan nada por las infraestructuras de red y, desde luego, saben sacar provecho de ello. Por supuesto que, por tener una web, el coste de esta no va más allá de los costes producidos por el *hosting* básicamente. Sin embargo, la inversión y el mantenimiento de las infraestructuras son responsabilidad de las operadoras de tecnología. Si viajo por una autopista de peaje, lo normal (aunque en algunos casos se pueda ver abusivo) es pagar una cuantía por su uso. Con esta cuantía se supone que se mantiene y se paga a los empleados. Por esta regla, resultaría lógico pensar que por usar las autopistas digitales se pagase igual. Cualquier usuario por el simple hecho de uso, está pagando. Sin embargo si atribuyo el uso a una web o aplicación, no existe tarifa alguna. Lo que viene a ser que empresas referentes en la red utilizan la misma para captar a sus clientes y obtener información de ellos sin pagar nada al respecto. Habrá que estar atentos a esta cuestión sin alargarnos más de lo dicho, pues si diese la misma un giro, estaríamos cambiando de nuevo el statu quo.

Hoy podemos comprar en una web unos zapatos, sin necesidad de saber desde dónde nos van a llegar y recibirlos con la absoluta confianza de devolución si es preciso. Podemos descargarnos un *software* específico desde una web en Australia y tener dicha aplicación en nuestro ordenador en cuestión de segundos.

La venta *on-line,* sin lugar a duda, está revolucionando todos los sectores y estar o formar parte de ella es una cuestión de necesidad.

MODELO COMERCIAL DE VENTAS POR CATÁLOGO

Por último, y no por eso menos importante, resta mencionar el modelo comercial de ventas por catálogo. En un sistema de distribución comercial para vender, de forma inmediata, productos o servicios, utilizando métodos de envío como el correo.

Puede parecernos obsoleto o en desuso, sin embargo, representa en algunos sectores una cuota de mercado con unos porcentajes impresionantes. Según se referencia en Wikipedia en *venta por catálogo:*

«De acuerdo con la National Mail Order Association (NMOA.org), se cree que Benjamin Franklin fue el primer creador de catálogos en los Estados Unidos. En 1744, él creó el concepto básico de venta por correspondencia cuando creó el primer catálogo, en el cual vendía libros científicos y académicos.

El negocio de venta por correspondencia más antiguo que aún existe es Hammacher Schlemmer, fundado por Alfred Hammacher en Nueva York en 1848. Su primer catálogo fue publicado en 1881, y ofrece herramientas mecánicas y herramientas para construcción.

En 1872, Aaron Montgomery Ward produjo el primer catálogo para su tienda de venta por correspondencia, Montgomery Ward. Su primer catálogo era una sola hoja de papel con una lista de precios, que mostraba las mercaderías a la venta y las instrucciones de pedido. Luego de dos décadas, su lista de productos de una página creció a un libro ilustrado de 540 páginas que vendía alrededor de 20.000 productos. Casi una década después, el primer catálogo de Sears fue publicado en los Estados Unidos. CENCO dominó el campo de la venta de equipamiento científico educativo a través de su catálogo.

[...]Con el desarrollo de internet, los sitios web de las empresas se convirtieron en el modo más usado para realizar compras. Los altos costos del papel, la impresión y el envío postal han causado que algunos catálogos tradicionales, como el de la tienda departamental Bloomingdale's, hayan suspendido su impresión para enfocarse en las ventas por internet».

Sin embargo, existen empresas cuyo único modelo comercial sigue siendo la venta por catálogo. Muchas de ellas se apoyan en una web para mostrar los productos y para poner a disposición de los clientes las solicitudes de pedido. ¿Dónde entonces está la diferencia entre vender *on-line* y por catálogo si la venta se realiza desde la propia página? Sencillamente en que la web es un apoyo a la propia venta, es decir, se necesita físicamente de una persona para que pueda prescribir y captar clientes. La mayoría de estas empresas se anuncian en internet solicitando personas que quieran ganar dinero extra trabajando pocas horas utilizando la red de contactos de la persona para generar ventas e ingresos.

Es por ello por lo que, desde hace varios años el negocio de las ventas por catálogo ha ido en crecimiento, gracias a que es una forma de adquirir unos ingresos adicionales sin hacer una gran inversión de tiempo y dinero. Sin embargo, vamos a centrarnos en otro aspecto de este modelo comercial. Empresas de grandes dimensiones que históricamente adoptaron este modelo comercial y que hoy día siguen considerándolo como determinante para su negocio.

Ventajas y desventajas del modelo comercial de la venta por catálogo

Hay compañías que envían catálogos de productos a otras empresas con el fin de nutrirles de los materiales necesarios de oficina, por ejemplo. Catálogos de más de mil hojas que cuentan con productos de oficina y papelería. Normalmente los clientes de estas compañías suele ser medianas y pequeñas empresas. Envían el catálogo y la empresa puede hacer los pedidos vía web o vía telefónica. Aunque parezca incómodo creer que hoy día es más eficiente buscar un producto en una página web que en un catálogo de papel, el hecho de tenerlo presente en una oficina es una manera de marcar el territorio. Desde luego que se puede buscar en la misma página de la empresa los productos que uno necesite sin necesidad de ver el catálogo, pero el catálogo forma parte de la marca. La comodidad de poder ver en donde sea y a la hora que sea hace que sea un vendedor 24 horas y una vez más, aunque nos parezca increíble a las personas nos gusta el papel y esta tendencia no está variando demasiado, de lo contrario los libros habrían dejado de existir, y sí que es cierto que han perdido fuerza en el mercado, pero aún siguen teniendo bastante presencia.

La venta por catálogo es un modelo utilizado por más empresas de las que uno puede llegar a pensar. Empresas que teniendo varios modelos comerciales siguen editando un catálogo de sus productos y estos son enviados a futuros clientes. Hasta hace bien poco, las mismas empresas de telefonía enviaban catálogos a las casas de sus clientes o aprovechaban el envío de las facturas para introducir sus catálogos dentro.

Por otro lado, es cierto que es un modelo en donde su principal desventaja es que está en decadencia. El hecho de la propia concienciación del uso del papel masivo por motivos medioambientales hace que el modelo entre en barrena, ya sea por la misma concienciación o por el hecho del ahorro en costes que supone no producirlo. La despersonalización del vendedor es otro factor que se debe tener en cuenta, pues existe la posibilidad de que se penalice el modelo por el simple hecho de no tener presencialmente a un vendedor (en los casos en donde el catálogo sea el único punto de unión).

Con el tiempo es un modelo que podría resultar obsoleto, ya que podría estar virando hacía las nuevas tecnologías y cada vez se hace más evidente la confianza que mostramos en la red para comprar. Las desventajas del modelo no son meras circunstancias del mismo, son auténticos problemas para hacer de este modelo un modelo que siempre estuvo en boga y que el canibalismo de la red lo está dejando en su mínima expresión.

REFERENCIAS

- https://www.boe.es/buscar/act.php?id=BOE-A-1996-1072 Ley de Ordenación del Comercio Minorista.
- http://www.anged.es/
- https://www.gestiopolis.com/caracteristicas-ventas-al-por-mayor/
- https://www.blocko.com.ar/ventas-mayoristas.php
- https://www.gestiopolis.com/caracteristicas-ventas-al-por-mayor/
- http://www.alpormayor.ws/mayoristas/venta/estrategias-para-los-mayoristas.html
- https://debitoor.es/glosario/definicion-de-franquicia
- http://www.creacionempresas.com/franquicia/aspectos-generales/tipos-de-franquicias
- https://agustingrau.com/franquicias-franquicia/
- http://quefranquicia.com/tipos-de-franquicia-clasificacion-de-las-franquicias-en-funcion-de-diferentes-criterios (Barbadillo Asociados - Asesores en Franquicias).

- https://www.overlap.net/blog/general/modelos-de-gestion-comercial-optimizando-las-fuerzas-de-ventas/
- https://www.overlap.net/s6-soluciones/c93-soluciones-tipo/modelo-comercial/
- http://acovedi.org.co/venta-directa/
- https://es.wikipedia.org/wiki/Venta_directa
- http://acovedi.org.co/tipos-de-venta-directa/
- https://www.marketingwebmadrid.es/marketing-multinivel/
- https://es.wikipedia.org/wiki/Marketing_multinivel

Capítulo 6

Evaluación del desempeño y gestión de competencias

No importa cuán talentoso seas si no lo desarrollas. Esta es la praxis del propio desarrollo del talento. Como seres humanos, estamos diseñados para aprender y considerando que hoy día el analfabeto del siglo XXI no es aquel que no sepa leer o escribir, sino aquel que no aprenda, desaprenda y vuelva a aprender, el desarrollo de nuestro talento se hace determinante tanto para nuestra vida personal como para nuestra vida profesional.

Anteriormente aludíamos a la imagen del iceberg como metáfora de aquellos aspectos o conceptos en la persona que menos se ven y que, por el contrario, son los más reconocibles y que casualmente son a los que hacemos mayor caso (aunque esto sea un error). Si tuviésemos que definir cómo nos gustaría ser, la respuesta sería sencilla, «visibles y deseados». Aquellas personas visibles corresponden a personas con influencia en los demás, inspiradores y personas con talento para tomar decisiones. Las personas deseadas corresponden con perfiles más exclusivos y diferenciadores, personas que tiene su marca personal (*personal branding*) perfectamente bien diferenciada del resto y dejan huella.

Evidentemente todos quisiéramos ser así, la buena noticia es que estamos diseñados para poder serlo. Cuando hablamos de tener al equipo más adecuado, justamente nos referimos a esto mismo. No quiero a los mejores, estos suelen estar percibidos como los que sacan mejores notas o dicho de otra manera más profesional, los que más venden. Quiero a los más adecuados o a los que más se adecuen a estos conceptos de «visibles y deseados». Si venden, mejor, y si no, no me preocupa en absoluto, os lo puedo asegurar. Es mucho más sencillo desarrollar el conocimiento que el talento, además, por supuesto, de que conlleva un buen ahorro en costes.

A la hora de desarrollar tanto la técnica como el talento debemos tener herramientas que puedan medir ambas con el fin de saber exactamente qué teclas hay que tocar. Normalmente los vendedores estamos hartos de cursos de técnicas de venta, herramientas para la venta y demás programas que hemos estado haciendo a lo largo de los años y que están tan estáticos que a nadie se le ha ocurrido en muchas ocasiones actualizarlos. Se suele formar a todos por igual, cierto es que la parte de la técnica puede llegar a ser más común, estando de acuerdo con la American Society for Training and Development, pero de igual manera debemos estar atentos al talento que necesitamos y a su desarrollo. Año tras año todo el departamento Comercial es formado en determinadas técnicas que como muchas veces he podido comprobar se podrían haber impartido desde ellos mismos hacia el docente.

Es momento de cambiar paradigmas, de generar transformación y no conocimiento, de crear expectativas que a su vez mejoren nuestro estado de ánimo y esto nos conduzca a actuar. Esto es como se podría definir el éxito ya que poner en tela de juicio lo antiguo es un esfuerzo, pero no hacerlo... es un problema.

SISTEMAS DE IDENTIFICACIÓN DEL EQUIPO COMERCIAL

El único objetivo que se persigue y se debe perseguir en los sistemas de identificación de los equipos comerciales es el de detectar y desarrollar. Las matrices que nos facilitan la labor de detección e identificación se crean con el fin de desarrollar y transformar a las personas. Este aspecto hay que recalcarlo porque este tipo de sistemas no están diseñados como herramientas de eliminación o sustitución del personal sino de desarrollo individualizado de cada uno de los integrantes que lo componen. Podemos seguir viendo hoy día cómo muchas matrices, que a tal fin se crearon, se han reconvertido en Excel para sacar una lista negra de nominados. Si entendemos que utilizar estos métodos o herramientas son una base de apoyo y actúan como facilitadores a la hora de identificar personas, entonces, tendremos mucho camino recorrido en nuestro liderazgo en la dirección comercial.

Existen muchas matrices de identificación cuya función puede resultar similar. Sin embargo, que estén actualizadas y personalizadas hay menos. En mis años de experiencia he ido creando una matriz de desarrollo en la que convergen los aspectos más determinantes que debemos tener en cuenta y esta puede ser perfectamente moldeable a cada situación o escenario. Esta matriz resulta del estudio que Ken Blanchard y Paul Hersey realizaron en su teoría situacional y que a lo largo de los años desarrollaron dentro del marco del liderazgo situacional. Este modelo de análisis se basa en una situación o escenario determinado, considerando el nivel de madurez de los componentes del equipo, para luego adoptar un estilo específico y medido de liderazgo acorde con esa situación o escenario y nivel de madurez.

El punto de partida nos lleva a una matriz de identificación y a su posterior toma de decisiones. Adicionalmente y partiendo de esta matriz se crea el sistema MACODE que es un conjunto de indicadores que parten desde la base de la utilización de la matriz de liderazgo situacional en el que convergen aspectos relacionados con la técnica y el talento.

Las personas suelen emplear básicamente dos tipos de liderazgo: el *autocrítico* (demasiado duro) o el *democrático* (demasiado suave). Sin que esto nos lleve a hablar de un concepto que merece mucha más atención que un capítulo, el liderazgo sostenible es aquel que flexibiliza el comportamiento.

Volviendo a mis precursores en el liderazgo y copiando textualmente, establecieron el *liderazgo situacional* «como el liderazgo que se aposta al nivel de desarrollo de la persona que se lidera. Se basa en la suposición de que las personas pueden y quieren desarrollarse. El estilo se adapta a cada individuo o situación». Y sí, las personas pueden, y que quieran hacer algo es cuestión de actitud y compromiso, y estos valores son valores intrínsecos en todas las personas. Por tanto, si somos de aquellos que siempre se quejan de las personas que tienen alrededor, de que no saben trabajar en equipo, de que no son los adecuados y esto lleva a que el departamento tenga un absentismo superior al 7 %, entonces este capítulo es determinante para solucionar eso.

Partamos de la aceptación de que en un grupo de personas no puede existir un listo y veinte no listos. Si es así, es evidente cuál tiene que ser la decisión de la empresa. En el momento en el que estoy escribiendo estas mismas líneas estoy recibiendo información de la sustitución de uno de los entrenadores de futbol mejor pagado de la historia. Le deseo lo mejor, pero en esta ocasión no pudo ser.

El desempeño hay que medirlo, en eso estamos todos de acuerdo, pero hay que medirlo en función de aspectos cuantitativos (fáciles de identificar) y de indicadores o aspectos cualitativos (más complicados de incorporar). Ocurre lo mismo que con el iceberg, en una empresa en donde las ventas son el *core*, los resultados cuantitativos marcan el devenir de la compañía y en parte puede estar de acuerdo. Esto es lo que se suele ver, estos indicadores cuantitativos son los que se siguen, se supervisan y en ocasiones ponen en la calle al personal comercial. Aquel vendedor que llega a objetivos es bueno, el que no, simplemente, no vale. Igual que nuestro sistema educativo que en función de las notas que sacamos nos segmenta en buenos y en malos estudiantes, olvidando ejemplos en la historia de personas que abandonaron el mismo y que, desde luego, han representado y representan un referente para muchos millones de personas. Hablamos por tanto de inteligencia emocional, esa que no nos ayuda mucho a aprobar las pruebas de nuestro sistema educativo pero que desde luego nos empuja a la cima de las destrezas sociales y personales.

Con la fuerza de ventas (aunque esto es válido para todo el personal) ocurre lo mismo, si se llega a objetivos que en muchas ocasiones no se entienden ni han sabido compartir con la red, entonces ese vendedor es muy bueno. Si no es así, se pone en duda el compromiso y actitud de la persona. Resulta paradójico, el hecho de no llegar a una cifra pone en tela de juicio todos nuestros valores.

MACODE contempla tanto aspectos cualitativos como cuantitativos, es decir, intrínsecos y extrínsecos (esto se puede ver con detalle en el Capítulo «Sistemas de retribución variable») y apoyado en la matriz de liderazgo situacional de Ken Blanchard, establece una relación de desarrollo de cada una de las personas a las que se está midiendo. Antes de profundizar, un vendedor tiene un objetivo de 105X y otro tiene un objetivo de 150X, es decir uno representa el 41 % del objetivo de la compañía y el otro el 59 %. Al terminar el mes, el primero termina con 85X, lo que representa el 81 % de su objetivo. El segundo termina con 120X, es decir, al 80 %. Ambos han acabado en la misma horquilla porcentual. Es cierto que no han alcanzado los objetivos y esto, quizás, les sitúa en una difícil situación. Si se tuviese que tomar una decisión, el gran porcentaje de las personas es evidente que apostaría por la segunda persona. Ante mismos porcentajes, está generando más volumen de facturación. Parece lógico y aunque esto no es más que un simple ejemplo, es algo que ocurre. Para analizar la cuestión sería necesario muchos más datos (cuantitativos y cualitativos) que estarían recogidos en un cuadro de mando (CdI). En primer lugar, no se debe tener el arma tan afilada siempre, y como estamos hablando de desarrollo, veremos con este simple ejemplo que está sucediendo. El vendedor 1 mueve menos volumen, la compañía le responsabiliza del 40 % del objetivo, por lo que resultaría lógico que también aportarse ese mismo porcentaje. Al terminar el periodo el vendedor 1 ha representado algo más del 41 %, mientras que el vendedor 2 algo menos del 59 %. Sí, son porcentajes que viven cerca del porcentaje objetivado, pero no es más que un simple ejemplo de lo importante que es analizar bien la situación. Dada la singularidad del ejemplo también podríamos optar por nominar a la persona encargada de realizar los objetivos porque es evidente que no se está cumpliendo con lo que se llama, y que se explicará en el Capítulo «Estimaciones y previsiones de objetivos», PAR de ventas o índices de eficacia.

Por supuesto que si atendemos a analizar los aspectos cualitativos, estoy seguro de que podríamos aún afinar más en cualquiera de nuestras decisiones. Con vuestro permiso me he permitido realizar este ejemplo con el único fin de aportar la importancia que se merece el desarrollo de las personas de una red de ventas.

Comencemos por explicar la matriz de liderazgo situacional a la cual no se referencia a pie de página pues como he mencionado anteriormente es una matriz creada por Ken Blanchard, nuestro compañero de viaje en este capítulo.

MATRIZ DE LIDERAZGO SITUACIONAL

La matriz parte de una premisa sencilla y real, las personas quieren y pueden desarrollarse. Desde esta perspectiva se construye una matriz en donde se *segmentan* las capacidades de desarrollo de las personas identificando sus áreas de mejora entre otros. Consta de cuatro estilos de dirección que se corresponden a cuatro modelos básicos de desarrollo. En este caso el estilo se adapta a la situación.

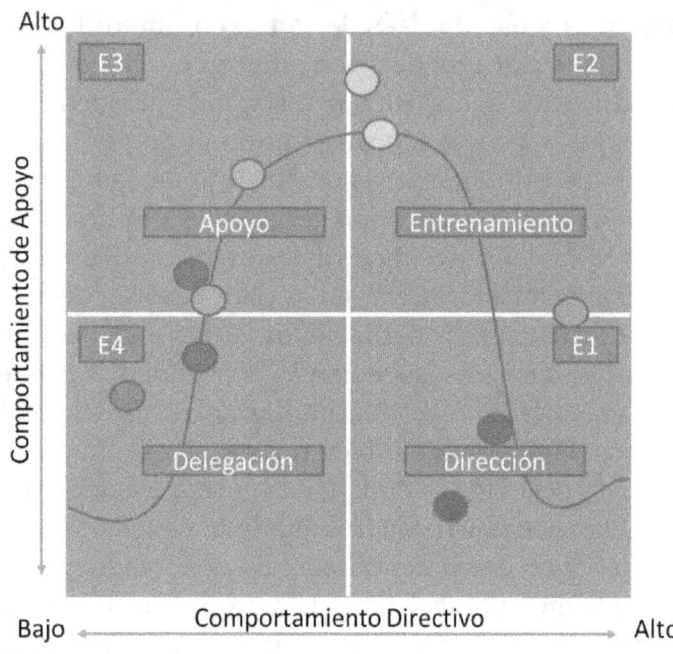

FIGURA 6.1. Matriz de liderazgo situacional.

La matriz contempla cuatro cuadrantes en donde se cruza el comportamiento de apoyo y el comportamiento directivo. Cada cuadrante es identificado con una respuesta de acción y las personas son identificadas en el mismo. En función del cuadrante en el que se encuentren, el estilo de liderazgo hacia estas personas será el indicado en cada uno de ellos.

De todos es sabido que los comienzos no son fáciles. Adaptarse a una nueva compañía, a unos nuevos procesos, nuevos compañeros... no resulta sencillo y a veces puede llegar a ser una mala experiencia. Tener planes de acogida no es suficiente si lo que queremos es una capacidad de adaptación total y eficiente, es decir, que en poco tiempo el desarrollo de una persona que se incorpora a un departamento de ventas sea el adecuado. Solemos ver con bastante frecuencia como este hecho lo tienen identificado las empresas a través de sus planes de acogida e incluso en algunos casos en planes de mentorización. Sin embargo, una vez se realizan estos procesos de entrada, la persona queda inmersa en el departamento como uno más. Y debe ser así, pero el proceso que desde ese momento se lleva a cabo suele ser un proceso formativo y posiblemente de desarrollo, pero común a todas las personas del departamento. Esto en el mejor de los casos, lo normal suele ser nada o un poco de acogida y a formar parte de la plantilla.

Con la matriz lo que se cubre es el perfecto recorrido que debe realizar una persona en función de las estrategias y perfil de desarrollo que cualquier compañía debe tener tatuado desde el inicio hasta el infinito y nada más. Paradójicamente una de las cuestiones más valoradas por las personas es sencillamente que se preocupen por ellas. Más allá de la famosa pirámide de Maslow y de la que estamos de acuerdo con sus afirmaciones, las personas necesitan atención empática quedando constatado que esta circunstancia redunda en un buen clima y, por consiguiente, en mejora en la producción. Recordemos el famoso estudio del efecto Hawthorne en donde se buscaba una relación directa entre la mejora de la productividad y la mejora de las condiciones ambientales de los trabajadores de una fábrica. Por el simple hecho de regular las luces de esta, disminuyendo o aumentando la intensidad de las mismas en diferentes horas durante la jornada laboral, se consiguió mejorar la productividad. Sin tener que entrar al detalle del estudio, lo más significativo fue que alguien estaba pendiente de los trabajadores y esto condujo a una mejora significativa.

A esto nos referimos cuando hablamos de atención empática. Más allá de los planes de carrera que terminan en el olvido, es responsabilidad de un director Comercial el tener identificado y conocer cuál debe ser su estilo de liderazgo hacia las personas.

Básicamente podríamos afirmar que los cuadrantes parten de una premisa fundamental que hemos oído en numerables ocasiones y que tal como muestra la Figura 6.2 podemos entender. Los estilos de dirección han de ordenarse por fases (desde E1 hasta E4) y estos vienen definidos por el nivel de desarrollo que se requiere de cada persona. Afirmar que una persona cuando se incorpora a un puesto es un principiante entusiasta, lo sabemos todos, desarrollar un estilo de liderazgo hacia estas personas no es tan sencillo si, por supuesto, no lo

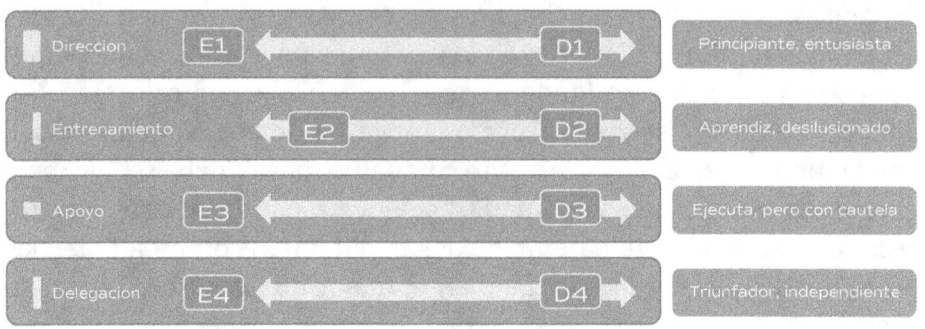

FIGURA 6.2. Sistema EDE.

sabemos. Funciona como el ejemplo de aprender a montar en bicicleta. El primer día nos sentimos muy emocionados con el hecho de hacer una tarea diferente y enriquecedora socialmente. Sin embargo, empiezan a llegar las caídas y esto hace que nos desilusionemos momentáneamente hasta que empezamos a pedalear y vemos que podemos hacerlo, ahora bien, con cierta cautela, pues hemos aprendido a caernos. Finalmente comprobamos que podemos hacerlo y que podemos incluso mejorar cada día.

Si atendemos a estas cuatro fases, lo normal es que nuestro estilo de liderazgo se adapte a cada situación. Si nos fijamos en la segunda fase de la Figura 6.2 es donde se producen más bajas en una compañía. Suele coincidir cuando dejamos a la persona en el departamento en cuestión y ya no tenemos ninguna atención empática con ella, supuestamente porque la persona debería navegar por sí misma o lo que es lo mismo, debería ser un triunfador independiente. Y aun así hay personas que lo son desde ese principio. Esas personas no son triunfadores independientes, esas personas tienen un talento extraordinario que es diferente.

El modelo de Blanchard hace mención justamente a esa atención empática que debemos tener en todo momento con nuestro personal (recordemos el efecto Hawthorne) y lo que podemos conseguir con ello.

Si nuestro comportamiento directivo o de apoyo no se adapta a estas circunstancias podemos, y de hecho así sucede, tener bajas considerables. Curiosamente, si un vendedor supera los tres meses aproximadamente, se puede decir que podrá estar bastante más tiempo en la compañía. Por el contrario, en estos primeros tres meses es

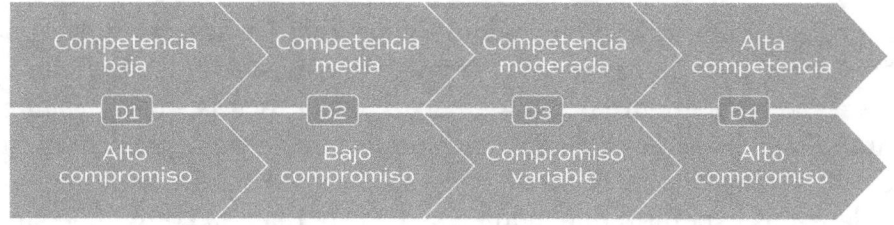

FIGURA 6.3. Relación Competencias y Compromiso

donde se producen la mayor parte de las bajas, o bien por el propio vendedor o bien por que la compañía no considera que es *adecuado* (craso error). Entender y conocer el compromiso (Figura 6.3) que tienen nuestros colaboradores en todo momento hace que nuestro estilo de liderazgo se adapte al mismo ya que este va implícito al nivel de competencia que se obtiene y como se muestra en la imagen anterior, es diferente para cada una de las etapas de desarrollo del equipo.

Por tanto, adaptamos nuestro estilo de liderazgo (E1, E2, E3, E4 de la Figura 6.1) en función del de la etapa en la que se encuentran las personas (D1, D2, D3, D4 de las Figuras 6.2 y 6.3) para obtener y conseguir lo que se muestra en la Figura 6.4.

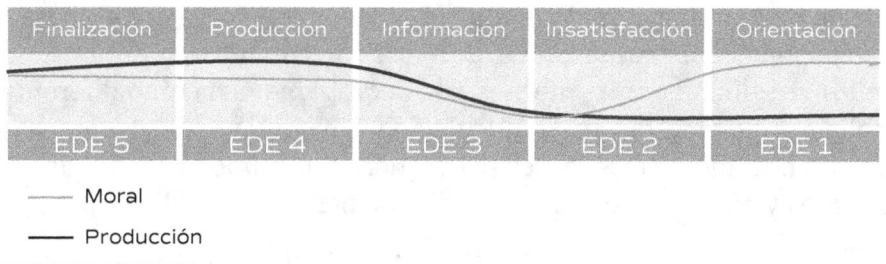

—— Moral
—— Producción

FIGURA 6.4. Línea temporal de la producción y de la moral.

De esta manera obtenemos el llamado sistema EDE y por consiguiente un desarrollo adecuado (Figura 6.4).

Si prestamos atención a esta última gráfica, se corresponde con lo que vemos en nuestros equipos y colaboradores y que está relacionado con todo lo comentado anteriormente.

La matriz de liderazgo situaciona, sin duda, merece más atención y por ello se llevó a cabo un libro al uso con el mismo título que ha sido escrito por Ken Blanchard y sus colaboradores. Nuestra intención ha sido resumir la matriz con el fin de dar un paso más adelante. Al principio del capítulo describíamos que basándose en esta matriz se podía realizar un sistema de detección e identificación para un posterior desarrollo dirigido a cualquier empresa. La utilidad de la matriz como punto de partida nos sitúa en una posición de entender lo que responsablemente debemos hacer, ahora toca la identificación. Para ello el sistema MACODE interpreta unos resultados con el fin de obtener la segmentación de desarrollo requerida. De esta manera no debemos esperar a que alguien se incorpore en la compañía, sino trabajar la identificación con todos los integrantes de un equipo con independencia del tiempo que lleven.

A lo largo de mis años de experiencia he podido poner en marcha la misma en diferentes compañías con el único fin de desarrollar a las personas. MACODE nos da la visibilidad que requerimos y la viabilidad para garantizar el éxito que se persigue.

Veamos cómo funciona.

SISTEMA MACODE (MATRIZ DE COMPORTAMIENTO Y DESARROLLO)

El sistema MACODE es un conjunto de indicadores que parten desde la base de la utilización de la matriz de liderazgo situacional. Para la realización del sistema MACODE (matriz de comportamiento y desarrollo) se utilizan datos internos de la compañía, así como diferentes análisis de observación y de vinculación. Únicamente necesitamos un periodo mínimo de tres meses para tener un mínimo de visibilidad en los datos y que esto no tengan mucha dispersión (± 5%).

El objetivo, principalmente, se posa en la detección y análisis del personal con el fin de detectar y realizar un posterior desarrollo en aquellas áreas de mejora identificadas a tal fin. Siendo conocedores de los objetivos y estrategias de la compañía, MACODE se fabrica y desarrolla con datos cuantitativos, cualitativos y de comportamiento personal en cuanto al cliente y al equipo comercial. Es por tanto un sistema a medida.

Contenido de MACODE

Para alcanzar la fiabilidad de los datos se requiere una base de aquellos indicadores que son estratégicos para la compañía y estos se recogen en diferentes periodos con el fin de tener un punto de partida de desarrollo.

Estos indicadores, alineados con el perfil que identifica la empresa son tomados en los diferentes periodos y cruzados entre sí y de manera grupal para detectar y posteriormente desarrollar. Un vendedor no solo debe producir, sino hacerlo con la calidad adecuada y, por supuesto, con el comportamiento establecido para garantizar la satisfacción del cliente y el bienestar del equipo de personas que trabaja con él.

Por ello, se establecen criterios cuantitativos, cualitativos y de comportamiento que son evaluados y puntuados de la manera siguiente

Aspectos cuantitativos

Los indicadores para tener en cuenta son aquellos que, alienados con la estrategia de la compañía resultan delicados para la consecución de los objetivos en los periodos en que se fijan. En el caso del ejemplo serán periodos mensuales.

Estos indicadores quedan ponderados por el nivel de importancia y representan en su totalidad una ponderación sobre el resto los aspectos analizados.

En los aspectos cuantitativos reflejamos dos grupos de indicadores que recogen toda la actividad desarrollada por el vendedor y que se agrupan en indicadores de primer nivel, es decir, indicadores cuantitativos u objetivos determinantes para la compañía en el momento de la medición. Por supuesto que estos pueden variar en cualquier momento por determinadas cuestiones, pero, aunque algunos pasen a formar parte de los de segundo nivel, seguirán siendo medidos en cada instante por donde se encuentren. Los indicadores de segundo nivel son aquellos que aún siendo importantes no representan, o bien por volumen, o bien por producción o, simplemente, por estrategia, un nivel de ponderación por encima de los primeros.

Cada indicador por tanto queda ponderado en función de la importancia estratégica que tiene para la compañía y se cruza en este caso con los siguientes criterios:

- Evolución mes actual.
- Incremento/decremento respecto al mes anterior (teniendo en cuenta la estacionalidad).
- Incremento/decremento respecto al promedio de la compañía.
- Tendencia de la actividad.

Estos datos cruzados nos reflejan el comportamiento en cuanto a la actividad cuantitativa y de ello deriva el área o áreas de mejora en el desarrollo en caso de producirse una desalineación con lo marcado por la empresa. Como resultado ponderado se obtiene la cifra final y se compara con el percentil deseado y requerido por la compañía.

Aspectos cualitativos

La calidad es la clave para mejorar muchos procesos y, sobre todo, para orientar la actividad. Incorporar aspectos intrínsecos de calidad, por un lado, nos alinea en la misma dirección y, por otro, genera mayor actividad. Los indicadores que tenemos en cuenta en el proceso atienden a un desarrollo que se incorpora en la compañía al principio de poner en marcha el sistema MACODE, determinado como consecuencia de aumentar los ingresos en partidas que están ciertamente distorsionadas por no tener una orientación individual.

Los indicadores que se incorporan al proceso de calidad podrían ser los siguientes:

- MIX %. Es el resultado de la actividad reflejada en algunos de los productos o servicios, pero considerando un mix porcentual entre ellos, es decir, si existen productos con una similitud determinada, tener el porcentaje de venta de cada uno de ellos comparándose entre sí es lo que se llamaría *mix*. Con ello lo que se pretende es enfocar la venta en aquellos servicios más estratégicos para la compañía.

- *Campañas o acciones*. Es la actividad que se refleja como resultado que se obtiene al realizar las diferentes campañas que desde la dirección son propuestas. El indicador objetivado es un porcentaje de positividad sobre la acción a desarrollar. Esto es importante porque la atención y el foco que le prestamos a las acciones de las compañías deben ser medidas y analizadas.

- *Porcentaje de un producto sobre otro (venta cruzada o complementaria)*. Es la cifra porcentual que se obtiene al dividir el total de un producto o servicio vendido respecto al total de otro. Por ejemplo, queremos saber si ofrecemos un producto o servicio complementario a lo que el cliente nos compra. Esta cuestión determina el comportamiento y el conocimiento de algunos productos que

son muy estratégicos para la compañía generando ingresos extras al ser tratados como venta cruzada o complementaria.
- *ISC:* El ISC (índice de satisfacción de clientes) contempla dos indicadores. Por un lado, la nota media que se puede obtener de encuestas realizadas en el mes y, por otro, el porcentaje de clientes insatisfechos. Ambos conceptos quedan objetivados según el protocolo establecido al uso.

Adicionalmente se incorporarían aquellos indicadores de calidad que son ponderados en puntos y que se encuentran en el SRV (sistema de retribución variable). Hay que decir, que este sistema de identificación debe estar reflejado en el sistema de retribución variable. Si tenemos identificación, desempeño, calidad en el comportamiento y objetivos dentro de un SRV, entonces tenemos un sistema de retribución perfecto.

Con independencia de incorporar, modificar o eliminar algunos de los indicadores, esto no afectaría al resultado final de calidad, ya que se entiende que una empresa está continuamente modificando su estrategia. Lo que se mide y analiza es el comportamiento de un vendedor frente a la calidad total y no frente a un aspecto en particular. De hecho, la calidad puede modificarse en función de la importancia que unos indicadores frente a otros tengan en la compañía y justamente es lo que se analiza, la capacidad de adaptación y la eficacia en la misma de los vendedores. Por tanto, es un sistema que se adapta a cualquier escenario en cualquier momento.

Cada indicador, al igual que los cuantitativos, queda ponderado en función de la importancia estratégica que tiene para la compañía y se cruza con los siguientes criterios:
- Evolución del mes actual.
- Incremento/decremento respecto al mes anterior (teniendo en cuenta la estacionalidad).
- Incremento/decremento respecto al promedio de la compañía.
- Tendencia de la actividad.

Aspectos de comportamiento

Los siguientes indicadores se han medido fruto de un trabajo individual y de observación a lo largo de años de experiencia tanto con el personal interno de una compañía como con clientes con el fin de afinar más el proceso. Estos indicadores personalizados por vendedor se dividen en dos grupos (indicadores de cliente e indicadores de equipo) y, a su vez, están ponderados por su nivel de importancia estratégica:

1. Indicadores de cliente.
   - Calidad en las relaciones interpersonales.
   - Se mantiene informado y actualizado.
   - Organización y seguimiento.
   - Apoya y facilita los procesos de la compañía.
   - Flexibilidad para resolver en beneficio del cliente.
2. Indicadores de equipo.
   - Compromiso con los compañeros.
   - Comparte responsabilidades y funciones.
   - Desarrolla y se involucra en crear acciones y estrategias con sus compañeros.
   - Acepta mejoras de sus compañeros o sus responsables.
   - Respeta las opiniones y genera confianza en las suyas.

El resultado final de este aspecto nos lleva a identificar áreas a desarrollar de manera muy específica y detallada. Con ello, lo que incorporamos es aptitud y actitud frente al cliente y frente al equipo y compañeros de la empresa.

Una vez analizados estos aspectos de manera mensual y con carácter trimestral, quedan ponderados y reflejados en un *dashboard* para que de manera visual podamos tener un acercamiento al percentil y perfil requerido por la empresa.

Por último, se presenta un análisis individual de todos los vendedores en donde se reflejan los comportamientos detectados, así como las áreas de mejora. De la misma manera se presenta un proyecto de formación y desarrollo para completar la matriz MACODE.

Ejemplo del proceso MACODE

Comenzamos por hacer un gráfico (Figura 6.5) de variables en donde cruzamos tres aspectos. El primero, los indicadores de 1.º nivel ponderados, y este lo situamos en uno de los ejes. Los indicadores de 2.º nivel se tratarían de la misma manera y los situamos en el otro eje (que estén en el eje de la X o Y es indiferente). Por último, el tamaño de la bola está representado por los indicadores de calidad.

Podemos jugar con todos los indicadores que queramos en cada uno de los conceptos indicados (indicadores cuantitativos de 1.º y 2.º nivel e indicadores de calidad) pero estos han de estar ponderados con el fin de obtener un solo número. Los indicadores de comportamiento se incorporarán más tarde.

A tal efecto lo que nos encontramos es una bola por cada vendedor en donde obtenemos, la eficacia de la venta y la calidad con la que vende en 4 sectores que representan la media de los indicadores. Cuando más grande sea la bola, mayor calidad en la venta y si esta está situada en el cuadrante derecho de la parte superior del gráfico, entonces hablamos de un vendedor que cumple con la estrategia de la compañía tanto en aspectos cuantitativos como cualitativos (Figura 6.5).

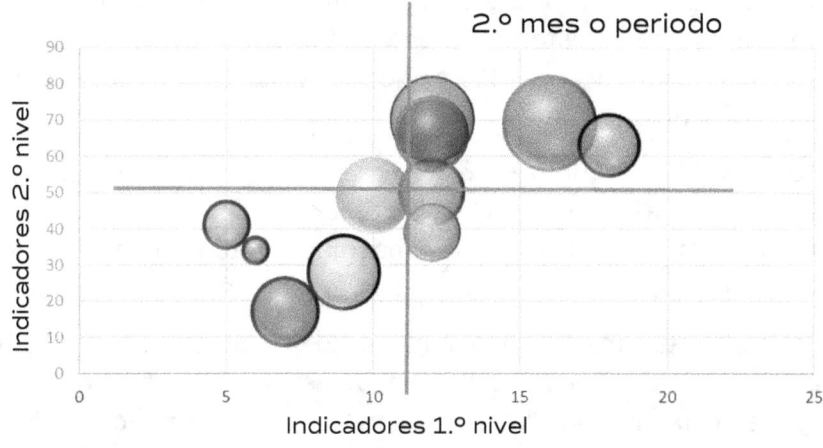

FIGURA 6.5. Matriz MACODE.

Con este primer gráfico lo que tenemos es el punto de inicio o base para el desarrollo, y como comentamos anteriormente este proceso se desarrolla con un mes de antelación a la primera medición. Es la *pole position* de los vendedores, es el momento de trabajar el seguimiento con ellos desde esta perspectiva (los datos de comportamiento son en este caso trimestrales) y orientarlos en los indicadores con el fin de alcanzar una mejora en aquellos escenarios más flojos. Es una herramienta perfecta para la persona responsable de supervisar los resultados de la compañía, pero en este caso, estos resultados se muestran en modo gráfico lo que lo hace más visual e interactivo con la fuerza de ventas.

Podemos detectar qué indicadores debemos mejorar, si vendemos con la calidad que espera la compañía y, así, orientar y desarrollar a cada uno en función de lo que se analice y muestre el gráfico. Igualmente se pueden detectar a aquellas personas que estando en el cuadrante superior derecha podrían ejercer como mentores u orientadores de otras. Las acciones que puede generar un simple gráfico son innumerables. El objetivo de una Dirección Comercial es, por tanto, llevar a todos a una excelencia, pero no de la misma manera, es decir, esto no es café para todos sino una cuestión de desarrollar a cada uno de manera diferente, o lo que es lo mismo, desarrollar a cada uno en los escenarios adecuados. Podemos observar en la imagen cómo este gráfico se corresponde a la Figura 6.1 de la matriz de liderazgo situacional. En este caso ya tiene forma.

Es normal que en la primera medición, tal como se muestra en la Figura 6.5, las bolas estén más apelotonadas. Cuando se inicia un proceso de este tipo y todas las personas se adaptan a él, se produce cierta dispersión de salida.

Si observamos la Figura 6.6, vemos cómo en la medición del segundo periodo, las bolas empiezan a tener una línea diagonal dentro del gráfico. Esto muestra que la capacidad de adaptación es buena, aunque, por supuesto, hay bolas que están en cuadrantes más flojos.

Los datos están menos dispersos, es decir, todos ellos están pegados a la diagonal que es donde se debe estar si la estrategia se entiende y se está trabajando. Por supuesto, que en función de lo que se consiga, esta puede hacer que estemos en un cuadrante o en otro.

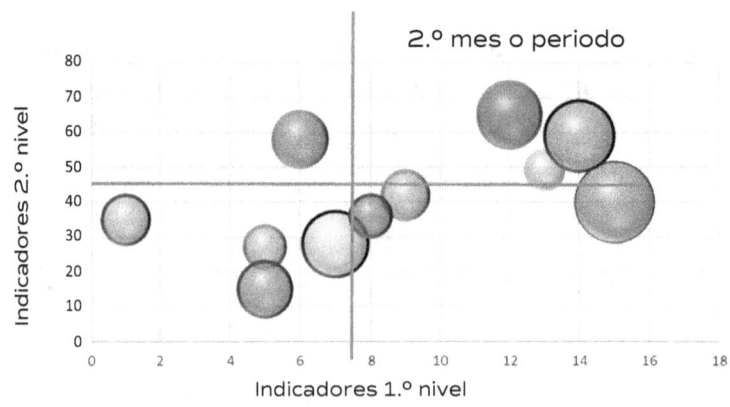

FIGURA 6.6. Matriz MACODE II.

Aquellas bolas que están separadas de la diagonal muestran dispersión en el proceso y es fruto de estar enfocados en unos de los dos ejes, por tanto, es fácil ver dicha distorsión y debemos reconducirla lo antes posible. Una vez más hay que considerar que el objetivo del sistema MACODE no es otro más que el de desarrollar y orientar a la red comercial a los objetivos de la compañía, pero estos han de ser de carácter cuantitativo y cualitativo. Si se vende sin calidad con independencia de los resultados cuantitativos que se obtengan, simplemente no se vende, y lo que es peor, no se está en línea con la estrategia de la compañía. Esto es algo que ocurre con mucha frecuencia, los vendedores optan por realizar sus propias estrategias de venta sin atender a lo que la compañía necesita de ellos, y sí, se vende con calidad, pero no se consiguen logros cuantitativos (cuestión más difícil de ver), entonces algo no se ha entendido bien, aunque hay vendedores que son más proactivos con las campañas y acciones que con la venta de un determinado producto o servicio.

En este segundo periodo nuestro trabajo sigue consistiendo en lo mismo. Orientación y desarrollo. Hay bolas que muestran unos resultados asombrosos y que han incrementado su eficacia del primero a segundo periodo. Sin duda, se traduce en ingresos, cuanto más cerca del cuadrante superior derecho estemos, más ingresos. Por otro lado, vemos cómo han aumentado el tamaño, síntoma de vender con más calidad, lo que se traduce igualmente en ingresos. La tendencia natural, si el proceso se sigue con la rigidez que requiere, es la del incremento de los ingresos y desarrollo profesional de la red de ventas. Recordemos que la involucración del departamento ha de ser total y aquí los responsables juegan un papel fundamental.

MACODE organiza y responde a las necesidades estratégicas de la compañía. Orienta y facilita el análisis de desarrollo de las personas porque entendemos de inicio que todo el mundo quiere y puede hacerlo. Se apoya de base en la matriz de Blanchard para la identificación mediante indicadores cualitativos y cuantitativos, y de esta manera podemos establecer nuestro estilo de liderazgo en función del cuadrante en el que se encuentren las personas.

Por mi experiencia puedo asegurar que no hay ninguna empresa en donde se haya puesto en práctica este sistema que no haya incrementado tanto los ingresos como el percentil de la fuerza de ventas.

No necesitamos a los mejores sino a los más adecuados, esa es la idea. MACODE adecúa y desarrolla, no hace super vendedores.

Ya tenemos la primera parte realizada. Hemos identificado en 4 cuadrantes a los integrantes del equipo, trabajamos en la orientación de los mismos y nos falta el componente del desarrollo. Es el momento de poner los indicadores de comportamiento que junto con los demás indicadores mostrarán finalmente un *dashboard* personalizado de cada persona. Esta tarea en el caso del ejemplo se realizó de carácter trimestral, al ser los periodos de identificación mensuales.

Por tanto, tenemos los indicadores cuantitativos y cualitativos representados en un gráfico de variables el cual nos sirve para identificar visualmente y de una manera muy eficaz la evolución de la fuerza de ventas en los diferentes periodos mostrados. Estos datos formarán parte igualmente junto a los indicadores de comportamiento del *dashboard* final en donde se retratará el perfil de un vendedor frente a la estrategia de la compañía.

La idea es vender, pero con calidad y mostrando un comportamiento excelente. Fácil de escribir, pero fácil de lograr si tenemos bien estructurado el desarrollo del sistema MACODE.

Como cualquier indicador ha de ser ponderado y cifrado, para los indicadores de comportamiento podemos utilizar una matriz 360º con el fin de valorar estos indicadores. Tal como comentamos antes, los indicadores de comportamiento han de ser valorados con un periodo de tres meses si el resto de los indicadores (cuantitativos y cualitativos) son mensuales. Se puede utilizar igualmente otros sistemas de medición, como, por ejemplo, un *feedback* o retroalimentación del responsable, evaluaciones de desempeño internas o incluso encuestas de satisfacción de clientes. Todas ellas son perfectas para poder medir el comportamiento de la red de ventas. En el ejemplo cada indicador de comportamiento viene valorado entre 1 y 10 puntos.

Una vez que tenemos medido el comportamiento así como el resto de los indicadores, podríamos tener una tabla como la Tabla 6.1.

Y en función de donde se encuentre cada vendedor se le asignan puntos. Finalmente, cada vendedor tendrá una puntuación por cada indicador y una nota global que a su vez puede estar ponderada en función de la importancia que le otorguemos a cada indicador.

6. EVALUACIÓN DEL DESEMPEÑO Y GESTIÓN DE COMPETENCIAS | 127

Indicadores cuantitativos de 1.º nivel	1	Inc./ Dec. % sobre mes anterior	entre 5 y -10 % 5	Más de 5 % 10	Menos de 0,10 % -5
	2	Volumen % Inc. / Dec. sobre producción media	entre 9,9 % y 0 % 5	>Media 10 % 20	<0% -5
Indicadores cuantitativos de 2.º nivel	3	Inc./ Dec. % sobre producción media	entre 5 y -10 % 5	Más de 5 % 10	Menos de 0,10 % -5
	4	Volumen % Inc. / Dec. sobre producción media	entre 9,9 % y 0 % 5	>Media 10 % 20	<0 % -5
Calidad	5	Acciones	de 175 a 250 5	Más de 250 10	Hasta 175 -5
	6	Inc./ Dec. % sobre producción media	entre 9,9 % y 0 % 5	>Media 10 % 10	<0 % -5
Comportamiento	7	Cliente y equipo	entre 30 y 60 5	Entre 60,1 y 100 20	Menor de 30 -5

TABLA 6.1. Tabla de indicadores sistema MACODE.

Definir un percentil puede resultar sencillo si por ejemplo tenemos en cuenta el máximo de puntos a conseguir. A partir de entonces podemos marcar 4 tipos de percentiles que de nuevo puestos en la matriz de liderazgo situacional nos marcarían el desarrollo de cada integrante de la fuerza de ventas.

Hablamos de desarrollo y de hablar un idioma diferente para cada persona que forma parte de una dirección comercial. Nadie ha dicho que sea fácil ser director comercial y más si tenemos en cuenta que debemos tener una verdadera hoja de ruta para poder identificar y detectar elementos continuos de mejora que no sean los de siempre, es decir, si vendes bien y si no vendes, estás nominado. Seguro que nos suena y es tan sencillo como comprobar si existen programas de desarrollo en la compañía que no se quede en cursos para todos de técnicas de venta y que estos no estén hechos a medida de lo que realmente necesitamos como empresa. Si contamos con un buen director comercial este debe tener un plan de desarrollo que puede poner en marcha junto al departamento de RR HH o hacerlo de manera individual. Ahora bien, nunca dejarlo en manos de otro departamento ya que estamos hablando de datos que reflejan el día a día de una dirección comercial. MACODE de la misma forma, puede y debe convivir con el sistema de retribución variable pues es también una super herramienta que debe reflejar al estrategia de la compañía, aunque esto lo hablaremos en el siguiente capítulo.

Capítulo 7

Sistemas de retribución variable

INTRODUCCIÓN

Antes de que la humanidad inventara la moneda, la remuneración del trabajo humano era hecha con mercancías, como animales, productos como la sal, pieles, etc. La palabra *salario* surgió a partir de la porción de sal que era dada como pago a los soldados en la Roma antigua. Al descubrir que la sal, además de ayudar en la cicatrización, servía para conservar y dar sabor a la comida, los romanos pasaron a considerarlo un alimento divino.

La idea de que el trabajo debería ser remunerado era inexistente. En la Edad Media, los siervos en busca de protección cultivaban la tierra de los nobles, recibiendo a cambio solo la posibilidad de sacar de ella su sustento y así sobrevivir. Más tarde, con la creación de las cooperativas de oficio, trabajadores libres vendían en el mercado los productos que producían. El salario, como remuneración que el trabajador recibe por el tiempo y esfuerzo gastados en la producción de bienes y servicios, surgió solo en la segunda mitad del siglo XIV, época marcada por el declive del poder feudal y por el desarrollo de fuertes naciones o estados.

Con el capitalismo, se convirtió en la forma predominante de pago de la mano de obra. El trabajador pasó a tener poder de compra y se cambia el modo como es visto por las otras esferas sociales, que ya no pueden subestimarlo o ignorar su valor.

En la actualidad, los recursos humanos (RR HH) y, en general, lo que se conoce hasta el día de hoy como dirección de Recursos Humanos, ha alcanzado una importancia relevante en la gestión empresarial debido a la evolución de sus funciones. «Los cambios y la evolución de los recursos humanos no hubiesen sido posible si no se hubiera prestado atención a los ciclos económicos, los cuales dejan un gran impacto en los costes salariales de la empresa, lo que trae consigo la evolución acelerada de modelos sociales, económicos y de gestión empresarial y estos a su vez, sobre las herramientas utilizadas en la gestión de recursos humanos» (Solé, 2013).

Hasta no hace mucho tiempo, los empresarios consideraban a sus empleados como mayores costes o gastos, pero esta postura ha ido desapareciendo para ser cambiada por otra más flexible y adecuada, tendiente a la atracción, mantenimiento y revalorización del capital humano, es decir, inversión.

«En el caso de algunos países desarrollados se puede hablar, que la política retributiva empresarial ha atravesado por distintas etapas, llegando en la actualidad a una etapa de compensación estratégica, donde se considera que la retribución ya no es un gasto o coste que se debe pagar para hacer negocios, sino que es aquella inversión que se realiza para obtener un beneficio mucho mayor» (Ed. Vértice, 2011, *Retribución de personal*).

«Es así cómo una de las herramientas clave de la gestión empresarial, la retribución, tiende a volverse de carácter flexible, por lo que las empresas buscan adaptar sus mecanismos, herramientas y objetivos a las nuevas realidades que la globalización trae consigo. Atraer talento, retenerlo, motivarlo y aumentar el desarrollo, compromiso y por ende la productividad son algunos de los cambios que lleva a una flexibilización creciente del sistema retributivo» (Ediciones Francis Lefebvre, 2013).

CONCEPTOS PREVIOS

- *Compensación o remuneración total*. Es la remuneración total por la que una empresa paga a una determinada persona como contraprestación a sus servicios o a su trabajo realizado. El problema radica en que en muchas ocasiones no conocemos exactamente nuestras responsabilidades y funciones, y es la empresa quien decide, sin evaluar ningún tipo de indicador, si la persona realizar bien o no su trabajo, sin atender al desempeño.

- *Retribución.* Es el precio o el coste que tiene nuestro trabajo, la cual se puede pactar en términos económicos y en términos de remuneración en especie, es decir, un vehículo de empresa, dietas o gastos y cualquiera de los beneficios sociales que otorga una compañía están relacionados directamente con la retribución.
- *Retribución fija.* Es la retribución que permanece *invariable* durante un determinado tiempo o proceso y que es abonada al trabajador por sus prestaciones. Es completamente independiente al resto de las remuneraciones si las hubiese. En términos legales, y en dependencia de lo que cada país dictamine, es el salario fijo que percibe un trabajador por el simple hecho de estar contratado. Por supuesto que este debe atender a responsabilidades y funciones, pero es una remuneración que mensualmente no se puede tocar, salvo excepciones: incremento del salario por parte de la empresa, o decremento de este por expediente disciplinario. Suele variar en función del puesto o jerarquía y, por qué no decirlo, en algunos países, por no decir en la mayoría, tristemente también depende del sexo.
- *Retribución variable.* «Podemos definir a los sistemas de retribución variable como aquella parte de la retribución total que está directamente relacionada con alguna variable medible y, por lo tanto, depende de los resultados obtenidos» (Casas Romero, 2002). «Es una parte de la retribución que está condicionada a determinadas circunstancias. Se fija en función de los objetivos y resultados alcanzados. Su finalidad es impulsar la estrategia organizativa y el compromiso de los empleados» (Solé, 2013).

MOTIVOS DE IMPLEMENTACIÓN SRV

Los motivos son varios, sin embargo, para temas didácticos, se ha agrupado en tres de mayor relevancia: motivos antropológicos, empresariales y sociales.

- *Motivos antropológicos.* La retribución es una forma muy antigua de incentivar y *motivar* a las personas que tiene como base la conceptualización de que tanto si premiamos como si castigamos, estamos cambiando y modificando comportamientos. Por este motivo, el comportamiento humano tiende a competir para alcanzar el premio y así evitar el castigo. Con ello estamos cambiando comportamientos, valga como ejemplo el fomentar la competitividad en una persona y de la misma manera el que huya por todos los medios del castigo, el cual le traerá frustraciones y lo que conllevan las mismas. Esta base conceptualizada es el gran error de aquellas personas que se responsabilizan de los sistemas de retribución variable, los cuales se inclinan mucho más hacia el castigo que hacia el premio sin pararse a considerar que no alcanzar un premio es una manera de ser penalizado. Hoy podemos ver cómo los sistemas de retribución variable son auténticos castigadores o penalizadores. Hay que recordar que un SRV debe contemplar la estrategia que requiere una compañía y el compromiso que necesita de sus empleados, por lo tanto, los motivos llamados antropológicos están completamente desfasados.

- *Motivos empresariales.* En determinadas empresas, sobre todo en aquellas de carácter comercial, un sistema de retribución variable supone el hecho de que, a través de él, se consigan resultados y esto se puedan retribuir variablemente por lo que una persona obtendría al margen de su retribución fija una remuneración variable en función de los resultados que obtenga de sus objetivos. Sin embargo, está tan desvirtuado y desviado de su propia concepción que frecuentemente esto nos lleva a premiar el logro, y con ello no creamos cambios permanentes sino temporales con sus respectivas consecuencias.

- *Motivos sociales.* Es una cuestión de modas y tendencias lo que nos lleva a considerar que nosotros como empresa también debemos de realizar un sistema de retribución variable. Todos tenemos la percepción (algunos como yo, más que una percepción es una realidad) de que un SRV contribuye positivamente a alcanzar los resultados de una compañía. Ahora bien, si para realizar un programa de gestión, lo canalizamos a través de un experto en *software,* por ejemplo, ¿por qué para hacer un SRV da la sensación de que cualquiera vale? El hecho radica en que lo que se suele imitar es más el castigo que cualquier otra praxis. Un SRV penalizador es más sencillo y cómodo de realizar que uno que contemple otros indicadores (extrínsecos e intrínsecos).

Importancia

Lo que se quiere lograr con la práctica de un SRV, es optimizar la relación entre el potencial motivacional de la compensación y su impacto sobre la rentabilidad del negocio. Es decir, que estos sistemas permitan retribuir a los empleados por su efectividad en cuanto a los logros y de igual manera respecto a su comportamiento, así como, por supuesto, ir ligado a un presupuesto financiero con el fin de poder realizarlo en función del mismo.

Dentro de los principales efectos de aplicar un SRV tenemos:

- Las organizaciones que adaptan sus costes laborales a los diferentes ciclos económicos. Estas logran que los costes estén directamente relacionados con la caja financiera de la empresa, con el beneficio mutuo de la organización y el conjunto de todos sus colaboradores.
- Incremento de las retribuciones en etapas o fases en donde los resultados se comportan mejor y decremento de las mismas en el caso contrario, garantizando cierta estabilidad y equilibrio financiero para la empresa. De igual forma hay que considerar un aspecto en esta cuestión. Hoy día la retribución variable se considera un *derecho adquirido* por aquellas personas que están sometidas a este proceso. El porcentaje en algunos casos es superior al 40 %. Si determinamos financieramente el decremento de un SRV podemos incurrir en un decremento en la calidad de vida de las personas. Es por este motivo que debemos jugar con estacionalidades y así poder equilibrar más los decremento o incrementos remunerativos variables, además de aliviar a una empresa de ciertas presiones.
- Un sistema de retribución variable adecuado en los términos de adaptación que hoy día debemos tener es una de las mejores herramientas con las que cuenta una empresa para generar beneficios considerando tanto los logros como los comportamientos de los miembros de una organización.

- «Los SRV permiten controlar el costo salarial relativo mediante la relación masa salarial-resultados de la organización; atraer, retener, motivar y estimular el rendimiento de aquellos colaboradores importantes para la organización; establecer una estructura salarial más equitativa y competitiva» (Prat y Muñiz, 2002).

La participación basada en objetivos es posiblemente la modalidad de SRV más extendida, su utilización va más allá de las zonas geográficas y sectores empresariales.

Frecuentemente encontramos en las empresas tres tipos de objetivos: corporativos, de área o departamentales e individuales. Considerando la estructura organizativa de una compañía, estos objetivos se desarrollan y se definen en función del nivel organizativo de cada puesto.

Pero no toda la estructura organizativa tiene por que tener el mismo porcentaje de retribución variable. De igual forma, no todas las personas tienen que estar dentro de los tres objetivos. Lo que solemos ver es que cuanto más alto esté una persona situada en la pirámide jerárquica, mayor peso proporcional tendrá sobre su retribución variable. Los objetivos corporativos suelen indicarse más para altos cargos de la compañía, mientras que los individuales son más indicados para aquellas personas que se encuentran en primera línea. Por supuesto esto es lo que frecuentemente vemos, lo ideal desde luego es hacerlo de otra manera. Todos podemos jugar con todos los objetivos con independencia del puesto que tengamos porque todos influimos en el resultado. Es más, he podido tener la experiencia de cobrar una

Niveles de la organización	Retribución variable	Objetivos		
		Corporativos	Área	Individuales
Nivel 1 – Directivos	25 %	70 %	20 %	10 %
Nivel 2 – Mandos Intermedios	10–15 %	50 %	25 %	25 %
Nivel 3 – Técnicos y otros profesionales	5–10 %	10 %	30 %	60 %

Fuente: Sistema de Retribución variable: ventajas e inconvenientes. Obtenido de: https://www.efl.es/catalogo/mementos-expertos/memento-experto-retribucion-variable.

TABLA 7.1. Ejemplo de retribución por objetivos.

incentivación cuando los resultados no eran los esperados y los que fueron penalizados fueron aquellas personas que formaban parte del equipo y que ocupan otros cargos de *menor* importancia para la compañía. Desde luego esto no quedó así, por ese mismo motivo el equilibrio entre los diferentes objetivos es determinante para no causar agravios comparativos.

Problemas de los sistemas de retribución variable de hoy día

- *Inflexibilidad.* Los trabajadores reciben un tratamiento estandarizado, independientemente de las características propias y específicas. El mismo sistema para todos y alejado de la estrategia. Basado en resultados.

- *Visión limitada de la realidad.* El organigrama de la estructura organizativa establecida no representa la situación actual, así como los procedimientos y normas internas. Siendo así, hay una visión limitada de la realidad organizacional, lo que puede causar perjuicios en los planes y decisiones.

- *Conservadurismo.* La estructura organizacional mantenida es extremadamente burocrática, privilegiando muchos niveles jerárquicos, morosidad en la comunicación interna y aumento de los procesos críticos.

- *Metodología desactualizada.* La implantación o la administración de los sistemas tradicionales de remuneración son laboriosas, inflexibles y morosas de difícil entendimiento y seguimiento, es decir, realizado por ingenieros para no ingenieros.

- *Falta de sincronismo.* Las empresas que adoptan conceptos modernos en general tienen dificultades para aceptar los sistemas tradicionales de remuneración, que pueden representar una barrera a la evolución del proceso de cambio.

- *Divergencias.* Hay dificultades en la convergencia de los esfuerzos para objetivos comunes en función de la falta de visión futurista y orientación estratégica de la organización, en lo que se refiere a los conceptos practicados por los sistemas de remuneración tradicionales.

Algunos inconvenientes

«Las posturas de dos investigadores, Gómez-Mejía y Sánchez-Marín *vs.* Pfeffer, afirman que los incentivos basados en un SRV pueden llegar a incentivar, pero también a desmotivar, y la diferencia entre un resultado y otro se justifica en cómo está diseñado e implementado el sistema en función de las características particulares de la empresa. En ocasiones se ha señalado que el hecho de tener un porcentaje elevado en el SRV puede desmotivar al empleado al no asegurarle una compensación mínima que le permita satisfacer sus necesidades básicas (alimento, vestido, hogar, etc.). En este sentido, el salario debe permitir cubrir las necesidades del primer eslabón de la pirámide de Maslow, las básicas y, las de supervivencia y en la búsqueda de satisfacer los siguientes eslabones es donde el SRV reconoce la importancia que tiene su actuar para alcanzar cubrir esas necesidades y objetivos premiando a cada uno de los colaboradores por su actuación individual y de equipo» (Maella, 2012) (Solé, 2013).

Podemos entender esta afirmación como cierta desde la perspectiva en que se describe la misma, aunque también se pueden entender variables de hasta el 100 %. Sin embargo, la retribución variable se ha vuelto con el paso del tiempo en un importe que forma parte de esas primeras necesidades. Sin duda, esto lo han provocado los no tan buenos sistemas de retribución variable que hay en muchas empresas. Lo que realmente es determinante es la variabilidad de la remuneración en función de la estrategia de la compañía y en ese escenario es donde nos toca apostar. El peligro, más que el porcentaje del variable, es el de no conseguir, o hacerlo con demasiado esfuerzo, la efectividad requerida, de lo cual hablaremos más adelante.

Etapas para la implantación de un sistema de remuneración estratégica

Podríamos agrupar la implantación de un sistema de remuneración estratégica en seis etapas o fases de proceso:

1. *Diagnóstico y análisis de la compañía.* Analizar la posición de la compañía, conocer los objetivos que tiene a corto, tener un *feedback* sobre los sistemas de retribución variable que ha tenido en el último periodo y que actualmente realiza, saber cuáles

son sus puntos fuertes y débiles y contrastar que está alineado con la estrategia de objetivos además de analizar los aspectos extrínsecos e intrínsecos del mismo con el fin de conocer el grado de logro y esfuerzo que contempla. Análisis del presupuesto asignado, en su defecto lo que representa el SRV sobre el total de gastos o ingresos de la compañía. Medir el grado de aceptación y muy importante de entendimiento. Quiénes son los que lideran el proceso y cuáles son los informes que se generan al respecto, así como su periodicidad.

2. *Definir el modelo de remuneración.* Desarrollo de indicadores que formarán parte de la retribución. Estos han de estar ligados a dos escenarios: los objetivos de la empresa y el desarrollo o capacitación que la empresa requiere de las personas. Medición y valoración de las competencias y habilidades de los niveles directamente relacionados con un SRV. Es necesario pasar por este proceso para entender y desarrollar un SRV lo más alineado posible. Al tener la posibilidad de incorporar objetivos individuales, de grupo o departamental o de empresa, no solamente debemos saber quiénes juegan, sino el papel que tienen en la compañía con su grado de aportación.

3. *Desarrollo de un sistema de remuneración.* Estimar el grado de compatibilidad entre el sistema a ser adoptado y la estrategia, estilo gerencial y de liderazgo, estructuras de apoyo (personas o departamentos que se responsabilizan de la información y seguimiento, así como del cálculo de las comisiones) También forman parte de esta etapa el levantamiento de facilidades y dificultades a la realización de la estrategia de la empresa y cambio organizacional.

4. *Implantación del sistema de remuneración planificada.* Planificación, preparación de los líderes, entrenamiento de facilitadores, comunicación y sensibilización y construcción de un sistema de medición para la implantación supervisión.

5. *Garantía de la evolución continua del sistema.* Concienciación de la necesidad de trabajo constante para la evolución del sistema de remuneración estratégica.

6. *Supervisión, seguimiento y control por parte de los miembros del equipo.* Saber lo que se está generando en cualquier momento sin

necesidad de hacer cálculos ni fórmulas estrambóticas, un vendedor debe conocer en cada momento lo que genera de variable y esto se realiza mediante un SRV con el que podamos interactuar. En ocasiones estos se realizan por ingenieros para ingenieros y no para un departamento comercial.

Considerando estas fases a analizar, partimos de que hacer un sistema de retribución variable es una tarea que implica conocimiento y empatía con las necesidades de la compañía, además de análisis y dotes de liderazgo.

Los sistemas retributivos variables son elementos de gestión que tienen como finalidad principal motivar a (ir hacia) las personas para conseguir los objetivos, así como el comportamiento deseado por la empresa. Por tanto, es una forma de retribuir ligada a los resultados, a la consecución de objetivos y al desempeño de los profesionales. Para alcanzar la efectividad y el éxito de un buen sistema de retribución variable hay que asegurarse que todo el personal asignado a él conoce los objetivos aunque, como se ha mencionado anteriormente, estos se encuentran implícitos en los planes de venta o de empresa. El SRV es una herramienta para alcanzarlos y que debería generar el suficiente recuerdo como para tener en mente continuamente los objetivos de la compañía. Una buena manera de desarrollar un SRV es contando con personas del equipo comercial en la realización del mismo.

Los objetivos que persiguen las empresas a la hora de adoptar un SRV suelen ser los siguientes:

- *Finalidad de costes.* La retribución variable se entiende en su base como una forma de retribuir o pagar un variable que dependerá en gran medida de la consecución de uno o unos objetivos y, desde esta perspectiva, ayuda a la empresa a compartir su riesgo financiero con el profesional, diversificando el riesgo en sus partidas salariales de su cuenta de explotación o de resultados, y de esta manera las personas que tiene asignado un variable se convierten en *accionistas* para la compañía. Si todo va bien, se cobra, de lo contrario no se realiza el pago.
- *Comunicación de prioridades.* Un SRV es una perfecta herramienta para, como se mencionó anteriormente, generar recuerdo sobre las prioridades de una compañía. Por tanto, aquellas cuestiones delicadas e importantes es lo que tiene que contemplar un buen sistema de retribución variable.

- *Motivación.* Partimos de la base que la motivación es un concepto muy distorsionado en función de los escenarios en donde la empleemos. Motivar significa *ir hacia* y este es el sentido que queremos darle en este capítulo. Siempre se ha comentado que una persona debe salir motivada de su casa, lo que la empresa ha de hacer es no quitársela sino incrementársela a través de sistemas que estimulen el desempeño de las personas. Y eso debe ser un SRV, una herramienta que estimula.

Y precisamente por ser una herramienta que estimula, hemos de cuidar ciertos detalles. Un SRV no debe convertirse en una salvación salarial para ninguna persona. Debe representar un adicional que, por supuesto, contribuye a cubrir una serie de necesidades que no podríamos cubrirlas de no tener esta remuneración variable. Medimos los logros y por supuesto el comportamiento-esfuerzo con suma delicadeza pues como mencionaremos más adelante si el esfuerzo siempre es más grande que los logros, lograremos que esta herramienta, cuya misión es estimular, se convierta en una herramienta de tortura. Solo tenemos que echar un vistazo a la experiencia para darnos cuenta de lo que estamos hablando. Lo que no estimula puede destruir, y considerando que un buen SRV es una herramienta perfecta para orientar, capacitar y transformar, pues sería muy sencillo utilizarla para tal bien, empezando por eliminar los penalizadores o numerosos castigos convertidos en amenazas constantes, los cuales no creo que sean muy estimulantes. Es curioso, pero las personas encargadas de realizar sistemas de retribución variable que incorporan un sinfín de torturas son personas que se quejarían de ellas en todo momento en otros escenarios, por supuesto.

Sin embargo, dentro de los modelos retributivos podemos distinguir ciertos modelos a la hora de implementar retribuciones variables:

- *Bonos.* Suele ser una retribución a corto-medio plazo (semestral o anual) y que funciona de manera muy similar a un SRV. A cambio de alcanzar unos resultados en el desempeño de una persona, se cobra o se paga una cantidad. Este modelo de retribución es muy utilizado para cuadros intermedios o cuadros de dirección. Esta práctica es muy popular en los *targets* indicados, aunque hoy día afortunadamente se va extendiendo más al resto de los empleados de una compañía.

- *Gratificaciones.* Al igual que los bonos, es una remuneración que se otorga por alcanzar ciertos retos. Normalmente no suelen proyectarse en ningún documento específico, sino que actúan en función de lo que se puede alcanzar en un momento determinado. Por tanto, son muy subjetivas ya que suelen depender del poder de decisión de una persona en concreto. Esta práctica debe eliminarse ya que generamos comportamientos que se pueden volver contra nosotros. Si hoy lo damos, entonces lo recompenso con mi esfuerzo, si mañana desaparece, también se va mi compromiso. Un buen SRV no debe compensar a mercenarios.
- *Prima.* Pueden ser muy similares a las gratificaciones, pero en este caso se estipulan con anterioridad a la realización de una tarea o proyecto, por lo que quedan constatadas. Es un buen elemento retributivo siempre y cuando sea muy esporádico y se vea sobre un proceso o proyecto muy específico para no causar o dañar el SRV que tenga la compañía. Cualquier retribución variable ha de estar vinculada a la estrategia de la compañía y debe ser perfectamente clara y transparente para evitar agravios comparativos, no debemos solucionar los problemas con dinero o gratificaciones de otro estilo ya que eso es un error grave, aunque muchas personas lo consideren como soluciones cómodas de la Dirección Comercial.
- *Incentivos.* Son las retribuciones que encontramos en un sistema de retribución variable y que reúne indicadores estratégicos de compañía, así como conceptos para generar transformación en las personas. Ya se está hablando de ello en todo este capítulo.
- *Retribuciones a largo plazo.* Pueden tratarse como retribuciones en especie igualmente. Un seguro privado de salud para la familia o incluso unas acciones de compañía pueden generar la estimulación y sentido de pertenencia necesarios para poder retener a un talento. Es un modelo que se empieza a ver mucho en las empresas y no tiene por qué tener un tamaño considerable. Pequeñas empresas adoptan modelos retributivos de este estilo con sus empleados, dándoles la posibilidad de obtener acciones o participaciones de la compañía por logros realizados, no tiene por qué estar solamente dirigido a directivos, los objetivos de una compañía son realizados por todas las personas. Recuerdo en una charla con el prestigioso chef y empresario Ferran Adrià

que decía que la persona cuya responsabilidad era la de lavar los platos, era para él la *más importante*. Que si un cocinero falta, se puede apañar un servicio, pero que como falte esta persona, la cosa se complica, por eso se lo llevaba a cualquier proyecto que montaba, estimulando siempre a esta persona.

Consideremos que la retribución de las personas supone en muchos casos entre el 60 % y el 75 % de los costes de una compañía. Si perdemos o se nos marcha una persona, considerada como una persona que aporta al negocio toda su técnica y talento, el coste de la sustitución se establece en una media del 50 % del salario anual. Esta medida es fruto de la inversión que hay que realizar para la sustitución de una persona considerada como principal.

Teniendo en cuenta lo anterior, al análisis de amortización que debemos de realizar en una empresa se hace determinante. Es un análisis que no es muy frecuente verlo, pero que se puede valorar fácilmente. Si estamos con un alto índice de despidos, absentismo o fugas de personas, el coste que estamos pagando por ello es altamente peligroso y puede llegar a poner a la compañía en un serio riesgo financiero y estratégico. Por consiguiente, este es un motivo de los muchos expuestos a la hora de diseñar un SRV que esté alineado con las estrategias de la compañía, valores y el modelo de negocio y es por ello por lo que se ha convertido en una necesidad de primerísimo orden.

ARQUITECTURA DE COMPENSACIÓN GLOBAL

Un sistema de retribución variable es un elemento que aporta valor añadido teniéndose que adaptar a cada una de las necesidades de una compañía. Es por ello por lo que estructurar un SRV desde la perspectiva si se vende, se cobra y si no llega a objetivos, no, crea dificultades de aceptación y por consiguiente rechazo a comprometerse con él. Y si hay rechazo, no hay compromiso, y si no hay compromiso, los objetivos o estas necesidades de empresa corren serio peligro.

Para lo cual es fundamental desarrollar una retribución estratégica en función tanto de los logros que queramos conseguir como del comportamiento que queramos adoptar en la empresa. Por eso no todos los sistemas de retribución variable han de ser iguales. Partir de los objetivos de la compañía (logros), pasar por el comportamiento deseado para poder cumplirlos e implementar un sencillo cuadro o informe para poder seguirlo, es la arquitectura correcta que debemos seguir. El objetivo es alcanzar los máximos estándares de desempeño de todo el personal de una compañía.

Hasta ahora lo que se ha comentado nos hace entender de la delicadeza de desarrollar un sistema de compensación variable y, por supuesto, de la cierta complejidad que tiene el desarrollo y su consiguiente comunicación. Es necesario un estudio previo de las diferentes retribuciones que tiene cada una de las personas en cada uno de sus puestos. Analizar el equilibrio de las diferentes retribuciones nos sitúa en conocer de primera mano si existe o no agravios comparativos en las mismas. De la misma forma tener un conocimiento previo de las necesidades a cubrir, ya no solo por la compañía sino por los empleados, derivado de una encuesta de clima, por ejemplo, también sirve de gran ayuda ya que no tenemos que retribuir únicamente con dinero. Tal como se ha mencionó anteriormente, las compensaciones que cubren otro tipo de necesidades personales son muy aceptadas y estimulan el compromiso de las personas.

Una práctica muy habitual, y que da muy buenos resultados, consiste en optimizar y supervisar cada cierto tiempo los sistemas retributivos con el fin de adaptarlos a los continuos cambios. En escenarios en donde el mercado sufre decrementos y fluctuaciones importantes, un buen SRV puede conseguir devolver el equilibrio a una empresa que está pasando por estos desagradables escenarios. Se ha demostrado que incluso la mejora de la marca o más allá, el propio posicionamiento de una empresa, dependen en gran medida de un perfecto sistema retributivo.

Según un estudio publicado por *eleconomista.es*, «muchos de los sistemas de retribución variable están relacionados con la dirección por objetivos y enfocados fundamentalmente en los ejecutivos. De hecho, tomando como ejemplo el mercado español, el 52,8 % de los directivos españoles cobra en la actualidad una parte de su salario en variable. Esta proporción baja hasta el 38,6 % en los mandos intermedios y al 31,6 % en el resto de los perfiles. Evidentemente si atendemos a los porcentajes parece que ponemos en riesgo el salario de un ejecutivo, pero si lo contextualizamos en valores absolutos económicos no es así, ya que un ejecutivo gana entre 2 y 5 veces más que el resto del personal, aunque está creciendo en el mercado español el número de empleados retribuidos de forma variable, es decir, que perciben al menos una parte de su salario a través de bonus, comisiones, primas, gratificaciones, etc., vinculando el cobro de estos conceptos a la consecución de determinados objetivos. En concreto, la retribución variable afecta al 33,6 % de los trabajadores en España. Un porcentaje aún bajo para la importancia que tiene una retribución variable para la consecución de los objetivos de una compañía, datos extraídos del *Informe Infoempleo Adecco 2015. Oferta y demanda de empleo en España*, que analiza las fórmulas retributivas desarrolladas en España durante dicho ejercicio».

Considerando la importancia de todo lo mencionado hasta ahora, que solo un 33,6 % de los trabajadores en España estén vinculados a una retribución variable es un dato escalofriante ya que aceptamos la importancia de las retribuciones variables, pero no hacemos mucho por adaptarlas a las circunstancias descritas. No conozco a nadie que rechace o que sea un detractor de los sistemas de retribución variable en su esencia, pero sí que conozco a muchas personas, o que no los implementan, o que no los adaptan a sus necesidades de compañía, y no debemos aceptar bajo ningún pretexto que las necesidades de una compañía pasen únicamente por conseguir objetivos cuantitativos en ocasiones inalcanzables con penalizadores continuos que son una auténtica tortura para cualquier persona. El estudio continúa comentando que «muchos profesionales vinculados al área comercial reciben su retribución de forma variable. Los departamentos de compras, logística y transporte de las empresas españolas han aplicado fórmulas de retribución variable al 38,6 % de sus trabajadores. De manera más moderada, otras áreas de actividad empresarial, tales como, Atención al cliente, Jurídico, RR HH, Finanzas, Contabilidad, etc. también están apostando de manera progresiva por esta opción salarial. En cualquier caso, únicamente el 6,2 % de las empresas españolas retribuyen por mediación de fórmulas variables a más del 75 % de sus empleados».

Otro porcentaje que estremece y que seguimos sin entender ya que si hay algo que importa y que aporta un valor añadido incalculable para una empresa es exactamente un buen sistema de retribución variable es que el 6,2 % de las empresas españolas retribuyen con sistemas de retribución variable. Curioso el dato, ¿verdad? E incluso puede parecernos increíble, pero es cierto, y es lo que he estado viendo y observando en los últimos años en muchas empresas en donde he colaborado. Tenemos una oportunidad única y estamos desaprovechando una de las grandes fortalezas de una empresa. Esto es lo que resulta increíble de creer.

Por otro lado, estas cifras están dando un giro de una relevancia significativa y cada vez son más las empresas que adoptan sistemas de retribución variable en torno a todos los departamentos de una empresa. Todo lo que nos rodea, y la globalización como principal precursora de los continuos cambios y a la velocidad vertiginosa a la que circulamos empresarialmente hablando, nos sitúa en un escenario de adaptabilidad al cambio sin precedentes. Adaptarse con las nuevas reglas o desaparecer del juego.

Hablamos de motivación, cuestión que determina el comportamiento del capital humano y que aporta transformación en una empresa. Es cierto que la motivación es algo que tiene que venir dado de cualquier persona, es decir, una persona tiene que salir de casa motivada. Al ser un valor intrínseco depende en gran medida de cada uno de nosotros. No se debe contratar a personas motivadas, hay que contratar a personas con actitud, talento y que inspiren. Ahora bien, si bien es cierto que la motivación se debe llevar en el equipaje de mano, lo que la empresa debe hacer es mantenerla y esta cuestión no refleja en ocasiones la realidad ya que creamos muchos impactos negativos a diario, que justamente hacen que la motivación desaparezca o simplemente la transformemos en actitudes negativas de comportamiento.

Partiendo de esta premisa y considerando que la obligación de la empresa es mantener la motivación a través de estímulos en unos niveles óptimos, un buen SRV es una herramienta que puede otorgarnos este hecho y por este motivo sin salirnos del contexto hay que hablar de motivación.

Recogiendo un extracto del libro *Por qué no entrenar la felicidad* de Queno Herrera en el que se habla de la motivación desde la perspectiva extrínseca e intrínseca, apreciaremos desde el detalle qué es la Motivación:

> «Palabra que, con solo oírla genera un poder de seducción extraordinario, de hecho en la mayoría de los idiomas utilizados en el viejo y nuevo continente su raíz es exactamente la misma. Al igual que ocurre con la *asertividad* y *empatía*. Curioso, ¿verdad?

Todos sabemos definirla y ser acertados en su definición, pero ¿cómo funciona la motivación? ¿Por qué nos motivamos? ¿Qué nos lleva a estar motivados? La motivación es *ir hacia*, actuar en una dirección. Hablar de motivación es hablar de sentimientos, emociones y necesidades y en estos tres conceptos hay diferencias apreciables que nos pueden llevar a no conseguir lo que queremos, desmotivándonos en el camino y por consiguiente a no alcanzar lo que deseábamos o necesitábamos.

La motivación es un proceso que refuerza nuestra capacidad para hacer cosas, muchas de ellas nuevas y que no tenemos incorporadas en nuestro día a día, lo cual nos puede generar cierta frustración si al final no llegamos a nuestro objetivo. Las partes de nuestro cerebro que contribuyen o participan en la misma están identificadas en función de cómo generemos la motivación, o bien en el neocórtex o en nuestro sistema límbico o centros emocionales. No es lo mismo que nuestro neocórtex dirija nuestros planes que lo haga nuestro sistema límbico. Cada uno tiene su estilo y aunque ambos pueden llevarnos a buen puerto, solo uno de ellos tiene la auténtica destreza y habilidad para levantarnos cuando nos caemos o nos desmotivamos.

Las personas no suelen motivarse cuando ellas quieren, es un proceso que requiere de emociones y sentimientos. Podemos haber pasado por un trauma emocional y decirnos a nosotros mismos que vamos a salir adelante, incluso haciendo cosas diferentes. Podemos igualmente estar en un estado de plenitud y venirnos arriba para realizar algo que siempre habíamos querido hacer. Los sentimientos siempre son el preludio a la motivación ya que las emociones vinieron antes que los pensamientos y es justo en ese momento en donde reflexionamos y tomamos la decisión de hacer cosas diferentes.

El camino vendría a ser algo como: me emociono, luego obtengo el sentimiento y después me viene el deseo de realizar algo diferente, o bien porque deseo cambiar la tendencia, o bien porque simplemente estoy en el momento de hacerlo. Este camino lo realiza todo el mundo de la misma manera, la cuestión difiere a partir de entonces.

Hay que entender la diferencia entre la emoción y el sentimiento, conceptos arraigados en nuestro léxico que solemos emplear de manera similar o igual para representar ambos. Cuando percibimos a través de nuestros sentidos, lo que se produce es una emoción sobre aquella información que nuestros sentidos muestran. La información llega de una manera más rápida a nuestro sistema límbico o centros emocionales que a nuestro neocórtex, esto hace que fluya antes la emoción. El sistema límbico está conectado con nuestro cuerpo tal como se comentó en el capítulo relacionado con la gestión de emociones y produce un estímulo que tiene la capacidad de desarrollar una reacción automática. Dicha reacción se produce en el cerebro y pasa después al cuerpo, el cual proyecta esa reacción en ideas concretas. Todo este proceso es el sentimiento. Pongamos un ejemplo para entenderlo mejor: estamos ante una situación de amenaza y la emoción que se desencadena es el miedo, el cuerpo acelera su respiración cardiaca, nuestro cuerpo cambia y percibimos el peligro ante dicha situación. Todo este conjunto, el estímulo que lo ha generado, la reacción en el cuerpo y las ideas que acompañan esa reacción es lo que constituye el sentimiento. Por tanto, sentir es todo esto. Empieza en el exterior, viaja hacia nuestro cerebro y se desencadena de nuevo en el exterior a través de nuestro cuerpo en una respuesta física.

Por consiguiente, estar bien motivado conlleva dibujar este proceso, ya que la motivación derivada de una emoción sin sentirla no nos llevará muy lejos, y esto es algo que hacemos de manera habitual.

Existen diferentes estudios en donde se dibuja a la motivación con determinadas estacionalidades, es decir, nos motivamos más cuando terminamos nuestras vacaciones por el simple hecho de seguir haciendo algo diferente, que es lo que hemos estado haciendo en nuestras vacaciones. Hay días en la semana en donde nos encontramos más motivados por el simple hecho de terminar una jornada laboral y que está en algunos casos pueda ser el preludio a unas cortas vacaciones. Incluso tenemos el día más triste del año, llamado *Blue Monday* y que corresponde al tercer lunes de enero de cada año y también contamos con el día más feliz del año, llamado *Yellow Day* que se celebra el 20 de junio, aunque en este caso se predice dicho día unas semanas antes, ya que según el estudio la meteorología influye destacablemente.

Hemos conseguido ponerle fecha a la motivación y a la desmotivación. Como seres humanos desde luego somos increíbles. ¿Quién va a intentar estar motivado cuando los medios y todas las personas nos repitan una y otra vez que hoy es el día más triste del año? Y, por otro lado, por mucho que intenten convencernos del *Yellow Day*, espero que nadie tenga una desgracia porque de esto sí que no estamos a salvo nadie. Opiniones aparte, el camino es el descrito y la buena noticia es que nos motivamos afortunadamente en cualquier fecha de nuestro calendario.

Si motivarse es *ir hacia*, en muchas ocasiones hacia lo desconocido, hay otras emociones que juegan un papel fundamental en nuestra motivación. El miedo, esa inseguridad que aparece en el minuto tres y que nos devuelve a nuestro sitio de nuevo paralizándonos y los famosos *es que*, traducidos como excusas que utilizamos para no seguir hacia adelante. Todos sabemos que el camino nunca va a ser fácil, de hecho, la mayoría de las veces nos motivamos más de palabra que de hechos en sí. Hablamos de lo que nos gustaría hacer de manera continua pero no logramos dar el paso hacia lo desconocido por miedos y los *es que* fundamentalmente.

La motivación forma parte de nuestra condición humana y estamos diseñados para motivarnos porque no podemos huir de nuestras emociones, por lo tanto, el principio del camino lo tenemos perfectamente identificado. Entonces, ¿qué es lo que realmente nos hace dar marcha atrás? En un comienzo, nuestros miedos que los verbalizamos en formato excusa. Si aun así seguimos adelante, la manera en que nos motivamos es determinante. Podemos estar motivados por el simple hecho de cubrir una necesidad o estarlo porque nos place y nos gusta lo que hacemos. Eso es lo que se llama *motivación extrínseca* y *motivación intrínseca* respectivamente. Pongamos algunos ejemplos: «Tengo que perder algunos kilos porque se acerca el verano y quiero estar estupendo», es claramente una necesidad ya que el esfuerzo que tengo que realizar no me place del todo y por tanto necesito cubrir una necesidad. En este caso hacemos las cosas por obtener una recompensa a corto plazo y nuestra motivación es extrínseca. «Hago ejercicio todas las mañanas en cuanto me levanto», aunque parezca a priori una necesidad y obtengamos una recompensa a nuestro esfuerzo, la motivación que en este caso nos guía es intrínseca, ya que si lo hacemos todas las mañanas desde hace tiempo, no es una mera cuestión de necesidad, simplemente disfrutamos con ello. Podría tratarse de un deportista que está entrenando para los Juegos Olímpicos.

Cuando realizamos cosas que nos gustan, con las que disfrutamos, no pensamos en la necesidad que tenemos de hacerlas, simplemente en el disfrute con las que las hacemos, por tanto nuestra recompensa está justamente en eso, lo hago porque me gusta.

La diferencia entre hacer las cosas por necesidad o por gusto es lo que en muchas ocasiones determina el éxito del camino. Sin duda, es mejor trabajar en un sitio en donde nos guste y disfrutemos con todo el entorno, además de compartir con todos nuestros compañeros todo lo que hacemos, que trabajar porque tengo que pagar una hipoteca.

Hoy día las empresas son muy conocedoras de estos aspectos y aunque siendo conocedoras no predican con el ejemplo, sí que hay otras de todos conocidas en donde lo más importante es contratar a personas que compartan semejanzas con la compañía. Sin duda alguna, esas personas serán mucho más productivas y responsables con sus atribuciones y tareas.

Mi jefe no necesitará motivarme si creo en el proyecto y para creerlo tengo que conocer el porqué de la compañía. Las personas no compran lo que hacemos, compran por qué lo hacemos. No pretendo salirme del contexto, pero entiendo necesario hacer este pequeño alto para explicar una cuestión muy relacionada con la motivación.

¿Cuántas compañías conocemos que difundan por qué hacen las cosas?, ¿cuántas conocemos que nos digan cómo hacen las cosas? y ¿cuántas que nos digan qué hacen?

En la tercera pregunta se encuentran todas las empresas. Todas nos dicen qué hacen: «Fabricamos la mejor tecnología», «Tenemos los mejores abogados del país», «Contamos con más de dos millones de clientes que avalan lo que hacemos» y así podríamos rellenar páginas y páginas.

En la segunda pregunta, nos encontramos con un porcentaje, superior al 60 % de compañías que nos dicen cómo hacen las cosas: «Nuestros ordenadores cuentan con los núcleos más veloces del mercado», «El éxito de nuestra compañía radica en el compromiso que nuestro bufete tiene con sus clientes». Estos ejemplos son reales de compañías que existen o existieron y no engañaban en su discurso, es decir, era cierto que la tecnología era por entonces la mejor del mercado y que sus núcleos eran competitivos y veloces, pero nunca nos dijeron por qué lo hacían y eso es lo que atañe a la primera cuestión. Solo muy pocas compañías nos dicen por qué hacen las cosas y esto alude a que nos hablan desde fuera hacia dentro y no desde dentro hacia fuera.

Como explica en su estudio de patrones Simon Sinek, esta cuestión está muy relacionada con nuestra estructura cerebral. Si diseccionamos un cerebro de una manera horizontal, nos encontraríamos con este mismo círculo, es decir, la parte exterior sería lo que se llama cerebro nuevo o neocórtex y la parte interior estaría formada por nuestro sistema límbico o centros emocionales y cerebro rectilíneo. Explicado de otra manera, cuando hablamos desde nuestro centro emocional hacia afuera, obtenemos más entendimiento y hacemos que las personas empaticen más con nosotros. Emplear la asertividad es un claro ejemplo de ello. Sin embargo, cuando lo hacemos desde el neocórtex hacia dentro obtenemos lo contrario, que puede llegar a ser indiferencia. Echa un vistazo a lo que tienes a tu alrededor y piensa por qué lo has comprado, te darás cuenta de lo que estamos hablando. Insisto en que la gente no compra lo que hacemos sino por qué lo hacemos. Es por ello por el que compañías punteras en tecnología han cerrado sin apenas vender nada de sus impresionantes productos y otras que no teniendo esa tecnología punta, lideran el mercado.

Cuando nos motivamos, en muchas ocasiones sucede lo mismo. Lo hacemos desde afuera hacia adentro, teniendo muy claro que es lo que queremos hacer e incluso como lo haríamos, lo difícil es cuando nos preguntamos por qué.

Un buen líder que ejerce su autoridad que no poder, utiliza perfectamente esta estructura. ¿Cuántas veces nos dicen a diario lo que tenemos que hacer sin explicarnos por qué hemos de hacerlo?, simplemente aluden a que dentro de nuestro cuadro de tareas o responsabilidades queda explícito que es lo que debemos de hacer y de alguna manera es así, pero cuando se producen cambios en la estrategia o virajes en el rumbo de una empresa, muy pocos nos comentan por qué se ha de hacer. Insisto, la gente no compra lo que hacemos sino por qué lo hacemos. Un buen líder inspira y por tanto motiva, es asertivo y empático, está cerca de las situaciones y utiliza su lenguaje desde dentro hacia fuera. Ahora, piensa en tu jefe, en aquel que te lidera día a día y piensa en cómo te dice las cosas.

Cuando hablamos con los niños ocurre lo mismo. Nos pasamos toda su infancia recordándoles qué es lo que tienen que hacer y no por qué han de hacerlo. Seguramente es más sencillo y cómodo para nosotros ya que hemos perdido esa facilidad con la que genéticamente nacimos de expresarnos desde dentro hacia fuera. Cuando he trabajado con padres, me esfuerzo en hacerles entender la importancia de este hecho. La mayoría de las veces, aluden al tiempo que tienen para hablar con sus hijos y no queriéndolo reconocer en un principio, sí que están de acuerdo en que no emplean, en el caso de madres y padres trabajadores que realizan su jornada fuera de casa, más de treinta minutos al día. ¿Cómo podemos educar emocionalmente a nuestros hijos con este tiempo? Y si además lo hacemos desde fuera hacia dentro, ¿qué es lo que están aprendiendo nuestros hijos?, si consideramos que en la mayoría de las escuelas ya se encargan de ponerlos en plataforma de lanzamiento hacia la competitividad y los resultados.

La motivación es por consiguiente un concepto que desaprendemos a medida que recibimos nuestra educación. Sí que aprendemos a motivarnos para ser más famosos, más ricos o poderosos, es decir, a obtener recompensas a corto plazo a nuestro esfuerzo motivacional. Motivaciones extrínsecas que nos generan mucha frustración, o bien por no conseguirlas o bien porque nos damos cuenta que tampoco es lo que necesitamos. Es vital saber motivar a nuestros hijos, pero no en lo que nosotros queremos, sino en lo que realmente necesitan ellos, esa es la diferencia entre la motivación extrínseca e intrínseca.

Un niño motivado intrínsecamente es un ser especial, es una persona que podrá asumir compromisos antes que nadie, responsable porque adquiere responsabilidad al estar motivado, emocional porque habla desde dentro hacia fuera, que toma decisiones y posiblemente arriesga en ellas. Este perfil he podido verlo en las diferentes sesiones que mantenido con algunos de ellos. Por el contrario, también he podido ver la otra cara. Personas con la autoestima por los suelos, inseguros, ciertamente retraídos e influenciados por todo su entorno social y familiar. Con total honestidad, ¿qué clase de persona prefieres?

La motivación es desear, y desear es sentir todo ese proceso del que hablamos anteriormente, en donde nuestros valores como personas nos van a llevar a conseguir lo que realmente deseemos. En todos estos años me he convencido del valor que tenemos como personas, creo firmemente en el ser humano y en la capacidad que tiene para desarrollar habilidades sociales que le permitan conseguir sus metas. Ejemplos de ello, tenemos muchos y existe un patrón en todas y cada una de las personas que hoy conocemos y que pueden representar un referente por cómo enfrentan sus motivaciones. Ese patrón reside en sus propios valores como persona. Personas que han conseguido metas y objetivos extraordinarios, cuando se les pregunta cómo lo han logrado, siempre hablan desde sus valores, es decir, desde dentro hacia fuera.

Cuando pregunto a las personas cuáles son sus valores, la respuesta siempre desencadena una gran pausa y en algunos casos, después de dicha pausa, dicen «algunos», pero sin convicción alguna. Si pregunto a una persona que me diga su número de documento de identidad, la matrícula de su coche o simplemente cuantos son dos más dos, la respuesta es inmediata, pero si le pregunto por sus valores no sabe responder. Si consideramos este patrón en personas que han llegado a conseguir sus metas, la respuesta es diferente, ellos expresan sus valores de manera rápida y convincente. Incluso hablan desde dentro hacia fuera, curioso, ¿verdad? Seguro que ahora mismo estás pensando en alguno de ellos.

Nuestros valores son nuestro ADN emocional, son el por qué nos levantamos a diario, son el por qué hacemos las cosas que hacemos, son como el GPS que necesitamos en nuestro viaje. No conocerlos es como conducir un vehículo a gran velocidad con los ojos vendados. Sin embargo, tenerlos presentes, hace de ellos la mejor herramienta que podemos tener a la hora de motivarnos».

Considerando que la motivación puede ser un motor de energía extraordinario que depende en su base de nosotros y que puede ser extrínseca o intrínseca, un SRV debe tener presente lo acontecido hasta entonces. Ya sabemos que la motivación extrínseca es aquella donde las cosas se hacen más por necesidad. Por otro lado, esto nos lleva a tener recompensas a corto y cambios temporales. Se podría afirmar que la mayoría de los SRV están aquí y aquí se quedan, es decir, retribuir por los logros. La motivación intrínseca es aquella en donde se satisfacen deseos, obteniendo recompensas a largo y por consiguiente cambios permanentes, lo que se podría traducir en retribuir por comportamiento.

En el capítulo anterior veíamos que tanto los indicadores cuantitativos como los cualitativos, así como los de comportamiento, debían converger con el fin de obtener el cóctel perfecto para una empresa. Estos además deben reflejarse en un SRV pues son indicadores extrínsecos e intrínsecos. Si conceptualizamos desde esta perspectiva un SRV, tenemos una herramienta muy poderosa que además se puede medir, pero lo más importante es que lo que se mide es justamente lo que necesitamos como empresa, la cantidad, la calidad y el comportamiento. Únicamente el SRV monitoriza y puede hacer que la estrategia de una compañía vire con más facilidad en cuanto a lo que necesitamos como empresa.

Perdemos mucho tiempo intentando modificar conductas a través de charlas interminables, *feedbacks* mal realizados, cursos o programas de formación no adecuados ni personalizados, correos o *e-mails* que no se entienden, exigiendo tareas interminables y esfuerzos continuos. Estos son solo algunos ejemplos de impactos negativos que creamos a diario en muchas compañías. Un SRV puede y tiene el poder de hacer esto mismo, sin tener que pasar por todo un proceso tedioso y que además no se entiende. Se puede llegar a crear comportamientos diferentes con el simple hecho de reflejarlo intrínsecamente en un SRV y se pueden alcanzar verdaderos logros con reflejarlo de la misma manera extrínsecamente en esta herramienta. Si esto viene aderezado por todo lo comentado en el capítulo anterior, lo que tenemos es una estrategia definida y un camino perfectamente claro. En donde todo el mundo tiene un rol de juego, todo el personal se termina viendo identificado, pues el foco esta perfectamente claro y como colofón esta estrategia queda reflejada en un SRV.

Aludiendo al primer teorema de Gilbert sobre el ocio observamos la siguiente fórmula:

$$w = f\left(\frac{A}{B}\right)$$

Esta fórmula representa el valor de la efectividad humana simplemente utilizando la parte extrínseca e intrínseca de una persona. La w representa la efectividad o valía humana, la A es el logro y por último la B, es la conducta o el comportamiento. Con esta simple fórmula podemos rápidamente apreciar que si el logro es muy alto pero por otro lado el esfuerzo o la conducta empleada para alcanzarlo ha sido también muy alta, la efectividad o valía humana aun siendo positiva, no es muy positiva, es decir, si divido 9 entre 9, el resultado es 1. Si, por otro lado, el esfuerzo ha sido muy alto, pero el logro no se ha alcanzado, no es necesario hacer la cuenta, el resultado es negativo.

Ahora pensemos en cuando le pedimos a las personas que realicen un esfuerzo para sacar el mes adelante, cuestión que se repite todos los meses del año. Siempre se dice que las personas de un departamento Comercial pasan de héroes a villanos en menos de 24 horas, quiero decir, se termina un mes en donde se han podido cumplir objetivos (y por cumplir objetivos no me refiero solamente a los cuantitativos) y empezamos otro en donde tenemos de nuevo que cumplirlos. Cuando les pedimos a las personas que realicen un esfuerzo para sacar el mes adelante, por ejemplo, y esto se produce con éxito, debemos pensar en cómo se ha producido. Estamos tan inmersos en los resultados que no somos conscientes de cómo se producen las cosas. Es posible que hayamos sacado el mes adelante gracias al esfuerzo del departamento Comercial, y esto se suele retribuir muy bien con alguna gratificación extra, por lo tanto, la empresa ha cumplido y lo gratifica extraordinariamente bien (en el mejor de los casos), pero veamos qué es lo que realmente está ocurriendo.

Estamos pidiendo un esfuerzo, que ya sabemos que si no es por una cuestión es por otra, pero es algo que continuamente estamos haciendo. El personal adquiere el compromiso y pone toda la actitud en realizarlo, pongamos que lo consigue y por eso obtiene una gratificación extra. Lo que realmente ocurre es que pedimos un logro en corto espacio de tiempo, el esfuerzo para conseguirlo es de la misma manera un esfuerzo por encima de lo habitual, y al conseguirlo obtenemos una recompensa a corto, es decir, la valía o efectividad es casi nula y recompensamos a corto de manera extrínseca, generando un cambio de comportamiento, pero temporal. Aunque lo hayamos conseguido estamos, sin ser conscientes de ello, generando un efecto en términos anglosajones denominado *burnout*, o lo que es lo mismo de «estar quemado», y esto llevado a una rutina trae consecuencias negativas. Con el tiempo pueden llegar a suceder algunas cuestiones que producen desmotivación. El personal puede llegar a cansarse de realizar esfuerzos continuos que, aunque se cumplan no producen más motivación que la de una gratificación extra que ya no es tan atractiva como al principio. De igual manera no estamos creando comportamientos a largo y lo peor de todo es cuando, por ejemplo, no gratificamos, o bien por no haber llegado, aunque el esfuerzo haya sido elevado (efectividad o valía humana negativa) o por no tener presupuesto aunque se haya conseguido, lo que logramos en un desequilibrio en la estrategia con sus consecuencias.

Si acostumbramos al personal a ser recompensado únicamente por los logros estamos creando un efecto devastador a medio plazo y como consecuencia de ello a una desorientación del personal de una red de ventas.

En relación por tanto a lo expresado en el primer teorema de Gilbert sobre el ocio podemos concluir:

1. Para ser válido es necesario incrementar nuestros logros y reducir energía. Lo que importa no son las horas que dedicas a algo, sino lo que consigues en ellas. Resulta evidente.
2. El trabajo, conocimiento y motivación, si no va acompañado del mismo nivel de logros, no sirve de nada. Si nuestro esfuerzo está

por encima de lo que alcanzamos en nuestros logros, el resultado es negativo.
3. Los grandes logros no valen de nada si el coste relativo al comportamiento humano también es muy grande. De la misma manera no es una fórmula en donde el equilibrio es el mejor resultado.
4. Dinero, energía o tiempo invertido en reducir el nivel de comportamiento requerido puede ser muy beneficioso. Y nos referimos por ejemplo a que si una buena campaña del departamento de Marketing hace que se venda más, entonces estaremos cumpliendo con esta premisa. El trabajo en equipo, la organización, el foco en una estrategia en común y la claridad en los compromisos son ejemplos claros para reducir el nivel de esfuerzo.
5. Un sistema que recompensa a las personas por su comportamiento fomenta la incompetencia, y un sistema que recompensa solo los logros es incompleto porque no tiene en cuenta la valía humana. Se paga por ejemplo por horas trabajadas o por ventas. Es algo que se suele hacer en los SRV, solo pagar por los logros.
6. Las competencias humanas se basan en el comportamiento abierto, no en el comportamiento secreto u oculto. No tenemos que medir el comportamiento hasta que no hayamos medido el logro.

Estas premisas descritas por Gilbert constatan la manera en que un SRV debería comportarse. Si tenemos en cuenta esta sencilla fórmula, si consideramos que la estrategia de una empresa debe contemplar objetivos cuantitativos, cualitativos y de comportamiento, y si atendemos a la parte extrínseca e intrínseca de las personas, entonces nos será más fácil realizar un SRV, pues será el documento o herramienta en donde se refleje todo lo comentado.

Pongamos un ejemplo de un sistema de retribución variable que refleje todos estos aspectos.

En primer lugar, debemos tener un presupuesto que bien puede estar definido anualmente o bien puede estar supeditado a los objetivos del periodo en cuestión (importante tener definidos los objetivos cuantitativos, cualitativos y de comportamiento). Los objetivos cualitativos ya vimos en qué línea pueden ir, los de comportamiento igual y los cuantitativos habrá que estimarlos, y para ello añadimos otra responsabilidad que se verá con detalle en el capítulo al uso («Estimación y previsión de los objetivos»).

Tenemos tres grandes bloques, que a su vez tal y como quedan definidos en el capítulo anterior y que por supuesto de la misma manera quedarán reflejados en un cuadro de mando integral comercial (CdM), son los que formarán la base de un SRV.

Presupuesto	10.000 €	Jornadas	28,7	Presupuesto por jornada	348,43 €

TABLA 7.2. Ejemplo base de un esquema de SRV.

Ya tenemos un presupuesto, este a su vez queda dividido entre las jornadas para obtener el valor económico de lo que cada jornada puede obtener. Este sencillo cálculo se realiza para analizar diferentes cuestiones. En primer lugar, determinar si el presupuesto por jornada es inferior o superior a otros periodos. Si existe rotación, absentismo o bajas es necesario adecuar el presupuesto, es decir, para ser justos lo que importa es que en cada periodo las jornadas, al menos, tengan siempre el mismo valor económico. Si aumentamos plantilla, el presupuesto se debería de aumentar (recordar la ley de rendimientos decrecientes), si la plantilla sufre algún decremento, de la misma manera se debería de adecuar. Tener un presupuesto es tener el control financiero de lo que se puede invertir. La idea es, si se llega al 100 % del objetivo, entonces, el presupuesto se ha debido de gastar o abonar. Muchos SRV están diseñados para llegar al mínimo de lo que la empresa requiere y por este motivo los objetivos suelen estar por encima de lo que estratégicamente una empresa necesita. Si ponemos más objetivo, podemos llegar a lo que se necesita, aunque no se cumplan al 100 %. Esta praxis, muy extendida, es un grave error pues, como se ha mencionado anteriormente, necesitamos claridad y mucha transparencia en la comunicación de los objetivos de empresa. Si estos no se alcanzan o no son realistas con las circunstancias, entonces ni se es claro ni se obtiene el compromiso en el foco de todas las personas de la organización.

Si determinamos que el presupuesto por jornada es de 348,43 € y en este caso, con independencia de las bajas o altas, permanece invariable, nuestro mensaje al departamento comercial es claro y transparente.

La idea es tener un presupuesto, dividirlo por jornada y posteriormente desarrollarlo en un SRV de diferentes formas. Podemos tomar el importe total y distribuirlo por productos o servicios, o hacerlo de manera individual. En este ejemplo lo vamos en primer lugar a ponderar por bloques.

Bloque 1	Bloque 2	Bloque 3	Bloque 4
% s./ppto.	% s./ppto.	% s./ppto.	% s./ppto.
40 %	20 %	20 %	20 %
4000 €	2000 €	2000 €	2000 €

TABLA 7.3.

Cada bloque representa la estrategia de la compañía. Los bloques 1 y 2 son los indicadores cuantitativos (1.º y 2.º nivel). En el bloque 3 se representan los aspectos o indicadores de calidad o cualitativos y por último en el bloque 4 se sitúan los indicadores de comportamiento. Estos están ponderados por porcentajes en función de la importancia que tienen para el perfecto desarrollo de la estrategia. El presupuesto (10.000€) queda por tanto segmentado en cuatro bloques ponderados.

El siguiente paso es ponderar cada bloque de manera independiente, es en este momento en donde pasamos a incorporar los indicadores de cada bloque (véase Tabla 7.4).

Bloque 1			
% s./ppto.	Conceptos	% s./principal	Importe
40 %	P/S1	25 %	1000 €
	P/S2	25 %	1000 €
	P/S3	10 %	400 €
4000 €	P/S4	20 %	800 €
	P/S5	20 %	800 €

TABLA 7.4.

Los aspectos cuantitativos de 1.º orden quedan reflejados y ponderados en la tabla superior, con lo que ya sabemos lo que podemos invertir en cada uno de los productos o servicios. Ahora nos queda por determinar cómo vamos a distribuir el importe de cada producto o servicio. Normalmente en este caso se toma como referencia el objetivo total al que hace referencia el presupuesto, es decir, si los 10.000 € son fruto de un objetivo, ya sea zonal o general, entonces el presupuesto de cada producto o servicio habrá que dividirlo entre el objetivo total. Imaginemos que el producto o servicio 1 tiene un objetivo de 100 uds. Dividimos 1000 € entre 100 uds. y por este producto o servicio pagaremos 10 €. Con ello, independientemente del objetivo que tenga cada persona, zona, etc., cada persona gana en función de lo que vende. A partir de entonces podemos incorporar aceleradores o intersecciones de cobro. Por ejemplo, este bloque tiene dos escalados, se cobra una cantidad si se llega hasta el 80 % y otra si se pasa de este porcentaje. Podríamos hacer otros escalados o especificaciones al respecto, pero para el ejemplo pondremos dos escalados de cobro.

		Bloque 1				
% s./ppto.	Conceptos	% s./principal	Importe	% s./principal		
				20 %	80 %	
				del 50 % al 79,9 %	> 80 %	
40 %	P / S1	25 %	1.000 €	10,87 €	43,48 €	
	P / S2	25 %	1.000 €	4,95 €	19,79 €	
	P / S3	10 %	400 €	1,31 €	5,23 €	
4000 €	P / S4	20 %	800 €	0,84 €	3,37 €	
	P / S5	20 %	800 €	2,15 €	8,62 €	

TABLA 7.5.

Tenemos el bloque 1 (indicadores de 1.º nivel) terminado. Un bloque que parte de un presupuesto ponderado al 40 %, que este a su vez se pondera en diferentes productos o servicios para tener una cantidad asignada por unidad vendida. En este caso no se cobra el mismo importe si se queda por debajo de un 80 % del objetivo que si se llega a alcanzar el 81 % y solo se cobraría si se llega como mínimo al 50 % del objetivo.

Tener un presupuesto para comisiones es controlar financieramente el pago de comisiones. Con este sistema nunca podremos pasarnos del presupuesto a no ser que cubramos por encima del 100 % y si es este el caso, estaría de la misma manera controlado ya que a la hora de hacer el presupuesto sabemos perfectamente lo que dedicamos a cada producto o servicio. Por tanto, por un lado, tenemos la estrategia de la compañía en un proceso que es muy delicado para el departamento Comercial y por otro, contamos con un SRV claro y transparente, de fácil cálculo tanto para llevar el seguimiento de la fuerza de ventas como para cada una de las personas que la componen.

El bloque 2 funciona de la misma manera que el 1. Únicamente en él se incorporan los indicadores de 2.º nivel, y el bloque 3 contaría con los indicadores de calidad tales como ISC (índice de satisfacción de clientes, MIX o venta cruzada, etc.) Todo se puede medir y lo que se mide se puede pagar. El ISC es perfectamente medible y podríamos pagarlo en función de lo que estratégicamente definamos. Podemos pagar a partir del 90 % de ISC o podemos pagar a partir del 5 % de insatisfacción, por ejemplo. La cantidad que se asigna a cada partida del bloque 3 es igual que en los dos anteriores. Se ponderan los indicadores y en este caso como no suelen ser unidades para vender sino conceptos, lo que se hace es destinar la partida al concepto dividida por el número de jornadas.

Como ejemplo: Imaginemos que tenemos el ISC como único indicador. El valor ponderado del bloque supone el 20 % sobre el total del presupuesto. Contamos entonces con 2000 € para gratificar este bloque. Dividimos dicha cantidad entre el numero de jornadas y nos da la cantidad por jornada de 69,69 € que se pagarían en función del baremo que pongamos. En este caso no existe posibilidad de pasarse del presupuesto ya que es un pago único por la consecución de un objetivo específico. Evidentemente si el dinero destinado a esta partida no se paga es porque de la misma manera tampoco se ha llegado al objetivo. También podemos incorporar en este bloque una cantidad a repartir para todos los miembros del grupo si se consigue un objetivo global. Dicha cantidad será repartida de manera proporcional, por ejemplo.

Es importante destacar la importancia de la calidad y que su nivel de ponderación sea lo suficientemente importante como para mantener la atención y el foco de la fuerza de ventas. Como hemos mencionado, el objetivo es vender con calidad.

Por último, tenemos el bloque 4, el cual actúa de la misma manera que el resto de los bloques, pero con algunas posibles excepciones. Al ser el bloque que mide y recompensa el comportamiento, normalmente este suele verse afectado por la temporalidad. Por este motivo se suele medir en términos normales cada tres meses a través de una evaluación de desempeño. Si consideramos este aspecto, la partida mensual presupuestaria debemos multiplicarla por 3 y esta será pagadera trimestralmente. Por este motivo el nivel de ponderación de esta partida no debe exceder el 20 % como máximo (lo normal es asignar un 10 %) ya que al ser trimestral el valor absoluto económico puede ser excesivo si lo comparamos con el resto de los bloques.

Otra manera de recompensar a la red comercial es asignar una parte del presupuesto a la realización de yincanas semestrales o anuales. Lo cierto es que el presupuesto siempre se puede estirar si el SRV es adecuado.

Un SRV tiene la obligación de ser claro, medible y de fácil interpretación. Realizado por comerciales para comerciales. El personal de una red de ventas tiene que saber calcularlo, con independencia de que exista o no un departamento de Control de gestión que se dedique al seguimiento de este. Funciona como un informe de ventas más en donde se retrata el comportamiento en cuanto a la estrategia de toda una red comercial. No gana solo quien más vende, sino quien lo hace con calidad y con un comportamiento acorde a los principios y valores de la empresa.

Realizar un SRV o desarrollar un proceso de este calado exige a la dirección comercial de un exhausto conocimiento de la compañía, de la propia dirección y sobre todo del personal asignado al mismo. Todo se puede medir y un buen SRV en donde converjan indicadores cuantitativos, cualitativos y de comportamiento es una hoja de ruta perfecta para desarrollar a un equipo de personas.

REFERENCIAS

- Bergamini, C. W.; Beraldo, D. G. R. (1988). *Avaliação de Desempenho Humano nas Empresas*. 4 ed. São Paulo: Atlas.
- Casas Romero, Agusti. (2002). *Remuneración, retribución y motivación de vendedores*. Madrid: Editorial ESIC.
- Ediciones Francis Lefebvre. (26 de Diciembre de 2013). «Retribución Variable». Obtenido de *Memento Experto*: https://www.efl.es/content/download/25651/273998/version/1/file/Memento+Experto+Retribucion+Variable%2810%29.pdf
- Editorial Vertice (2011). *Retribucion de Personal*.
- Ferreira, A. B. de H. (2001). *Miniaurélio Século XXI: o minidicionário da língua portuguesa*. 4 ed. Rio de Janeiro: Nova Fronteira.

- Maella, P. (Octubre de 2012). «Retribución Variable y Motivación: Retos y Recomendaciones». Obtenido de IESE Business School - Universidad de Navarra: https://www.iese.edu/research/pdfs/OP-0252.pdf
- Minamide, C. H. «Sistemas de remuneração»: www.administradores.com.br acceso el 15/09/2006.
- Prat, R., y Muñiz, L. (julio-agosto de 2002). «Sistemas de Retribución Variable e Indicadores de Control de Gestión». Obtenido de *Temas Contables y Empresariales*: http://pdfs.wke.es/4/8/0/0/pd0000014800.pdf
- Solé, A. (14 de septiembre de 2013). «Sistemas de Retribución. Obtenido de Revista de Contabilidad y Dirección»: http://www.accid.org/revista/documents/Sistemas_de_retribucion_variable._Ventajas_e_inconvenientes.pdf
- Wood, J. R., T.; Picarelli, F., V. (2004). *Remuneração estratégica: a nova vantagem competitiva*. 3. ed. São Paulo: Atlas.
- Zimpeck, B. G. (1990) *Administração de salários*. 7. ed. São Paulo: Atlas.

Capítulo 8

Estimaciones y previsiones de objetivos

INTRODUCCIÓN

Estimar o prever es tan molesto como conducir con los ojos vendados nos contaba Kotler y si no fuese cierto cualquier escenario por venir o futuro sería demasiado predecible. No es tarea fácil y hay que verlo desde esta perspectiva, pero eso no quiere decir que, con el conocimiento y el análisis necesario y adecuado, no podamos realizar una estimación de objetivos que sea aceptada por la red comercial.

Los objetivos suelen bajar en forma de cascada, se montan arriba y bajan como si de una fuerte tromba de agua se trataran. En muchas ocasiones son incluso montados por departamentos indirectos o, dicho de otra manera, departamentos en los que no hay presente ninguna figura comercial directa. Departamentos como Control de gestión, Financiero y de Marketing influyen en la elección de los objetivos comerciales ya que ellos son poseedores de cierta información necesaria para poder adecuar los objetivos a las necesidades de la compañía. Los objetivos se adecuan y después la magia del Excel (que lo puede todo), los hace realidad. Es entonces cuando se bajan a la red comercial y estos los reciben como si de esa cascada se tratase.

Normalmente es lógico ver crecer a una compañía y por ese motivo el objetivo ha de crecer igualmente. Los estudios que realizan dichos departamentos se adaptan al crecimiento y entonces todo se coordina para que sea de esta manera. Incluso en ocasiones estos ya vienen diseccionados por Control de gestión por zonas, por personas, etc. Es en este caso la dirección Comercial quien se encarga de comunicarlos a la red y es donde empiezan los problemas de dicha dirección.

A nadie le gusta que le suban el objetivo, todas las personas de una red de ventas tienen una percepción negativa de los mismos. No entienden por qué a unos les suben, a otros les dejan igual y a otros, a veces, les bajan. Los argumentarios no son muy creíbles ya que se construyen desde arriba hacia abajo y al final lo que tenemos es una pequeña batalla que coincide con la batalla de todos los años. Justamente por este mismo motivo, no es una cuestión muy preocupante ya que es algo que se repite todos los años y al final dura poco espacio de tiempo. Se reciben y se perciben de manera individual, esto provoca que cada persona vea sus objetivos bien o mal en función de lo que les haya tocado. Sin duda no es la mejor manera de trabajar en equipo.

Podríamos dar por finalizado el capítulo si considerásemos que esta habitual práctica es idónea, adecuada y tiene todos los ingredientes para poder liderar a una fuerza de ventas, pero no es así. La transparencia y claridad es síntoma de buena salud empresarial, además, por supuesto, de otros valores. La dirección Comercial tiene la obligación de realizar y desarrollar un análisis de estimaciones o previsiones. Estas estimaciones han de ser pasadas a estos departamentos y estos departamentos junto con los miembros de un Comité de Dirección deberán aprobar o no los objetivos expuestos por la dirección Comercial. Si esto es así, será Control de gestión quien trabaje de la mano de la dirección Comercial para poder repartirlos, organizarlos, etc.

Si estos departamentos no existen dentro de la compañía, la tarea es igual de sencilla, los objetivos se trabajan desde la dirección Comercial y estos suben para su aprobación.

Visto así, parece que hemos otorgado otra nueva responsabilidad a la dirección Comercial, pero ¿quién ha dicho que es fácil ser director comercial? La dirección Comercial debe estar dotada de un alto conocimiento analítico para desarrollar esta tarea (al igual que otras muchas). Es por ello por lo que dentro del perfil se debe exigir dicho conocimiento y no un histórico de ventas extraordinarias. Estamos en este caso, hablando de técnica que junto con el talento componen el perfecto perfil de un director comercial.

Es por tanto la dirección Comercial quien tiene y debería liderar los objetivos de una compañía, y por ello es un departamento que trabaja en 360º con el resto de los departamentos. Debe conocer las necesidades de esta en todos y cada uno de los departamentos, obtener las premisas necesarias para la confección de los objetivos o el plan de ventas anual que es donde quedarían reflejados, y después desarrollar la previsión manejando, si llega el caso, al menos dos escenarios. Da igual el tamaño de una empresa, la dirección Comercial trabaja en la estrategia y dentro de esta tiene que haber números, al igual, por supuesto, que indicadores cualitativos y de comportamientos perfectamente estructurados y objetivados.

Todo se relaciona en el mismo escenario. La evaluación de desempeño y gestión de competencias, el SRV y los objetivos comparten colchón. Se montan objetivos, se desarrollan los procesos de evaluación y detección y posteriormente se realiza el SRV. Un proceso con un único mensaje. Ya tenemos prácticamente el plan de ventas realizado y de esta manera a todas las personas enfocadas en la misma dirección.

Estimaciones de objetivos

Sí, estimar o prever es como conducir con los ojos vendados, pero sin embargo existen herramientas y métodos que nos facilitan mucho la labor y que cuentan con todos los ingredientes necesarios como para desarrollar una estimación de objetivos precisa y adaptada a la realidad del mercado. A continuación, se van a detallar algunos de ellos. Existen más y afortunadamente siguen saliendo al mercado técnicas de previsión que nos ayudan a completar esta difícil misión. Estar cerca e informados de lo que acontece en relación con este asunto es prioritario en una dirección Comercial.

No todos ellos son adecuados para todos los escenarios que nos planteemos, algunos, incluso, no son demasiado recomendables para ninguna estimación, pero se especifican justamente por este motivo ya que se utilizan frecuentemente. El objetivo que se persigue es analizar con total profundidad una cuestión muy delicada para la empresa y para la propia red comercial. Los objetivos comerciales forman parte, como se ha visto de la cadena de responsabilidades, de todas las personas que forman un equipo de ventas, y el compromiso que se asume al entenderlos y aceptarlos nos coloca en una posición de alcanzarlos. Si en el desarrollo y análisis de los mismos nos apoyamos en estas herramientas o métodos, nos resultará mucho más sencillo transmitirlos y por supuesto que sean entendidos. Estimar es una manera de organizar un proceso que tiene como puntos únicos y fuertes el conocimiento de las necesidades de la compañía y departamentos que la conforman, el conocimiento del mercado y del sector y la capacidad de análisis que ponemos en el proceso de la estimación.

Por supuesto que falta un ingrediente fundamental en todo este proceso y es el sentido común, que como dicen es el más común de los sentidos. No podemos dar toda la credibilidad a una formulación o resultado de cualquiera de estas técnicas que se van a presentar. Utilizar nuestro talento a la hora de tomar la decisión final será determinante, por lo que en este caso necesitamos de la dirección Comercial técnica en el desarrollo y talento en la decisión.

Vamos a detallar siete métodos insistiendo en que existen otros muchos. Lo importante es tener diferentes herramientas con el fin de poder utilizarlas en función del escenario al que nos estemos enfrentando. Que sean amigables para nosotros y sepamos cómo funcionan, sus ventajas y sus inconvenientes para poder aprovecharlas al máximo y que, desde luego, se puedan adaptar en todo momento a lo que necesitamos.

Con independencia del producto o servicio que vendamos, las estimaciones se realizan por periodos que pueden llegar a ser incluso semanales. Lo más habitual es que los objetivos sean mensuales, pero esto no es así en todos los casos. Por ejemplo, una empresa fabricante de aviones comerciales de gran tamaño considera su objetivo anual (incluso bianual) con revisiones semestrales indudablemente por la casuística de su producto. Una empresa que fabrica un producto cuyo volumen de unidades es bastante más superior, los periodos que considera siempre son menores. Por lo tanto, cuando analizamos y desarrollamos estimaciones hay que tener en cuenta los periodos. Eso no afecta al cálculo de la fórmula, pero sí determina el transcurso de los objetivos a analizar. En cuanto a qué estimar, se puede estimar cualquier indicador siempre y cuando sea numérico, y si no lo es, tendremos que traducirlo a un lenguaje de cifras. Ya sea volumen de facturación, unidades de producto o servicio, o cualquier otro indicador si se mide, se estima. En el caso de indicadores de comportamiento, por ejemplo, si estos se traducen a una métrica, igualmente se pueden prever o estimar. Por consiguiente, en las estimaciones que se muestran a continuación se habla de un número seguido de una «X»que representa cualquiera de estos indicadores expuestos.

Previsión ingenua

Como su propio nombre indica es una estimación ciertamente ingenua al no considerar indicadores o factores y escenarios que son vitales para la determinación de los objetivos.

Se realiza considerando los dos últimos años o periodos y calculando el porcentaje de incremento, es decir, si en un periodo hemos vendido 100X y en el periodo más reciente se ha vendido 120X, entonces ese incremento del 20 % es el que se aplica en el nuevo periodo. Se calcula el 20 % de incremento para el año o periodo que se estima ya que este valor porcentual es el que se refleja en los 2 últimos años o periodos.

Obtenido	Periodo 1	Periodo 2	Previsión nuevo periodo
	100	120	140

TABLA 8.1. Ejemplo de previsión ingenua.

Puede llegar a resultar obvio que no es una estimación que muestre la realidad de lo que necesitamos cubrir para el nuevo periodo. Es más, puede, incluso, resultar ofensivo el tener que mostrarla. Sin embargo, es una de las estimaciones más utilizadas en muchos proyectos.

No suele ser aceptada porque, al no considerar el mercado ni otros factores de importancia, puede llegar a provocar rechazo. Si vamos a lanzar un nuevo producto o servicio, si vamos a expansionarnos a otras zonas, si vamos a aumentar el tamaño de la red. Si por el contrario vamos a reducir el tamaño de la red, del porfolio de productos, si estamos inmersos en una crisis sectorial, si somos nuevos en el mercado. Si hemos perdido clientes o los hemos ganado... Infinidad de factores que influyen directamente en la decisión de utilizar esta estimación y que sin lugar a duda repercuten en el resultado final. Por ello debemos de contar con información de este tipo para poder elegir o escoger la estimación más adecuada.

Si el mercado muestra una estacionalidad lineal y queremos analizar la tendencia en las últimas semanas o días, quizás esta estimación para medir tendencia nos podría servir como base a un análisis más profundo, pero desde luego no para afrontar un año entero de objetivos.

Puede llegar a ser orientativa, pero no muestra tendencias analíticas, llegando a provocar índices de error graves y la consiguiente protesta de una red comercial que difícilmente entenderá esta estimación. Más que una herramienta de previsión, se aconseja su utilización y desarrollo como herramienta de apreciación de tendencias.

ANÁLISIS EXPONENCIALES (ALISADOS Y TMA)

El *análisis exponencial* o también llamado *método de suavizamiento exponencial* es una forma de pronosticar o prever la futura demanda de un producto o servicio en un periodo determinado. El suavizamiento exponencial trabaja con medias de consumos históricos considerando al menos 5 periodos y sacando la media (exponencial) de los mismos, dando una mayor ponderación a los valores más recientes en el tiempo. Los alisados exponenciales sí que tienen en cuenta los diferentes periodos y ponderan en importancia los factores que atañen en cada uno de ellos. Si, por ejemplo, en un periodo existe una fluctuación importante en cuanto a los decrementos o incrementos realizados, un alisado lo que hará es suavizarlos. Por tanto, considera factores que la estimación ingenua no considera.

Como podemos ver, y tal y como está analizado textualmente el concepto de alisados exponenciales en Wikipedia, algunas de las técnicas incluidas en la familia de series temporales conocida como alisado o suavizamiento exponencial pueden extrapolarse a entornos de negocio altamente competitivos. Holt-Winters y Box-Jenkins son dos de los más conocidos y sus modelos son los más utilizados por las empresas. Sin embargo, el modelo de series temporales Holt-Winters resulta más adecuado para realizar análisis y pronósticos de negocio, debido a la facilidad de interactuar con él y sobre todo porque sus resultados son más inmediatos. Este último, por tanto, es el más utilizado por las empresas a la hora de prever o proyectar objetivos.

«El modelo Holt-Winters incorpora un conjunto de procedimientos que conforman el núcleo de la familia de series temporales de suavizamiento exponencial. A diferencia de muchas otras técnicas, el modelo Holt-

Winters puede adaptarse fácilmente a cambios y tendencias, así como a patrones estacionales. En comparación con otras técnicas, como ARIMA, el tiempo necesario para calcular el pronóstico es considerablemente más rápido. Esto significa que cualquier usuario –con suficiente pero no necesariamente mucha experiencia– puede poner en práctica la técnica de Holt-Winters. Más allá de sus características técnicas, su aplicación en entornos de negocio es muy común. De hecho, Holt-Winters se utiliza habitualmente por muchas compañías para pronosticar la demanda a corto plazo cuando los datos de venta contienen tendencias y patrones estacionales de un modo subyacente» Fuente: Wikipedia.

Ambos métodos difieren en la base de su análisis si consideramos la estacionalidad como un indicador o elemento delicado. Tener perfectamente identificada la estacionalidad es en muchos casos vital para la base de una proyección. Sabemos que no todos los productos se comportan igual en periodos llamados estacionales. También sabemos que el comportamiento de los clientes difiere por periodos y en este caso si existe una estacionalidad, proyectar o prever considerándola, nos dará más garantía del resultado final. Si lo que hacemos es estimar anualmente para obtener una cifra final anual, la estacionalidad en este caso no se tendrá en cuenta, ya que, a la hora de repartir el objetivo por los meses del año, sí que debemos evitar linealizarlos y considerar dicha estacionalidad.

Se suele utilizar el alisado exponencial lineal de Holt cuando efectivamente no consideramos la estacionalidad como indicador o como elemento a tener en cuenta en el análisis de objetivos, es decir, existe una tendencia lineal y no existe estacionalidad, mientras que el alisado exponencial de Holt-Winters se suele utilizar cuando en las diferentes series a analizar encontramos estacionalidad o fluctuaciones en los periodos analizados que hacen que las cifras tengan incrementos o decrementos no lineales.

Según Paul Goodwin (*The Holt-Winters Approach to Exponential Smoothing: 50 Years Old and Going*) los pronósticos de ventas mensuales requieren de tres componentes para realizar la ecuación:

1. «El actual nivel de ventas subyacente, que permanece tras haber desestacionalizado las ventas y haber restado el efecto de factores aleatorios.
2. La tendencia actual que siguen las ventas. Es decir, el cambio en el nivel subyacente de ventas que esperamos suceda entre el momento actual y el próximo mes. Por ejemplo, si estimamos nuestro nivel actual

en 500 unidades y esperamos que sea de 505 unidades el siguiente mes, entonces nuestra tendencia estimada es de +5 unidades.
3. El índice estacional para el mes que estamos pronosticando. Si nuestra estimación es 1,2, esto significa que esperamos que nuestras ventas este mes sean 20 % por encima del nivel subyacente de dicho mes, mostrando así que nuestros productos se venden relativamente bien en ese momento del año».

Efectivamente toda estimación requiere de poner sentido común. Podemos prever una cifra con cualquier método que empleemos, pero este resultado debe contrastarse con lo que llamamos y conocemos como «sentido común». Es posible, que incluso utilizando alisados, se nos escape algo que por mucho que queramos incorporarlo al análisis, se hace complicado. Por un lado, un alisado tiende a considerar ciertas fluctuaciones estacionales, pero por otro, imaginemos que en el nuevo ejercicio a estimar, contamos con menos personal, menos tiendas, menos clientes, el mercado está sufriendo una crisis sectorial, hemos invertido en nueva maquinaria... Debemos considerar cualquier aspecto que siendo difícil ponderarlo en una estimación de objetivos, sí que puede distorsionar la realidad frente al resultado. En estos casos sí que podemos sacar un índice corrector adicional para compensar un escenario que tenemos identificado. Si lo que hemos realizado es una inversión en maquinaria para producir más unidades o hemos incorporado un 10 % más de personal en la fuerza de ventas, el índice corrector lo que hace dentro del alisado es considerarlo. Si estimamos que debe ser del 0,25 (25 %), pues lo aplicamos. Ahora bien, cuidado con los índices correctores pues es la parte crítica de los alisados. Si el índice no ha sido previamente analizado y atiende por ejemplo a una necesidad por inversión y esto nos lleva a cubrir costes y para ello necesitamos un 25 % más de ventas, lo que estamos realizando es una especie de planificación financiera y no una estimación de objetivos.

Por consiguiente, este tipo de métodos para prever, estimar o proyectar resultan muy útiles, además de ser utilizados por las empresas para planificar estrategias de inversión o regresión. Estos métodos nos permiten estimar si lo que necesitamos es aumentar la fuerza de ventas o aumentar la inversión en maquinaria, aunque también nos permite planificar si lo que debemos de hacer es todo lo contrario. Cierto es que cuando estimamos con alisados y con algún método más (técnicas cuadráticas), podemos tener un acercamiento a una futura planificación financiera pero siempre teniendo en cuenta la famosa ley de rendimientos decrecientes.

Los alisados exponenciales son métodos que interiormente consideran aspectos que determinan la tendencia o la previsibilidad de lo que podría ocurrir. Muy utilizados por las empresas, existen diferentes alisados. Lo que nos interesa es que se conozcan y que sepamos cómo funcionan por dentro.

Pongamos un ejemplo de análisis en donde aplicaremos la media exponencial. Es como una media de los periodos, pero incorporando un alisado exponencial que corrige el TAM (total anual móvil) o el TMM (total mensual móvil). Expliquemos qué es el TAM o el TMM y cómo podemos proyectar con ellos.

Es cierto que en muchos negocios existe una cierta estacionalidad de las ventas, que se repite cíclicamente mes a mes, año tras año, y que podemos tener en consideración a la hora de poder realizar previsiones de ventas con un método sencillo y matemático, que aporta un cierto rigor científico a nuestras predicciones. Es el caso del TAM y la curva de tendencia. Estamos hablando de ciertos algoritmos que alisan las deficiencias o distorsión de las ventas.

El TAM, o *total anual móvil*, es lo que se podría entender en su base como el resultado de la suma de las ventas de un periodo en concreto. Si lo que estamos es anualizando, sería el resultado de sumar todas las ventas de los 12 meses del año. Por tanto, como se aprecia en el ejemplo de la Tabla 8.2 que a continuación se detalla, el TAM a diciembre de 2018 será de 185.300. Continuamos con el cálculo del TAM del siguiente mes y para ello sumamos la TAM del 2018 a las ventas del mes de enero de 2019 y el resultado lo restamos por las ventas obtenidas en el mismo periodo del año anterior que en el caso del ejemplo fueron 14.500. El resultado de la nueva TAM será de 186.500.

La TAM obtenida al ser dividida por todos los periodos del año (12), obtenemos lo que se denomina TMM (*total media móvil*).

Sin embargo, podemos llevar este modelo a una estimación de objetivos de ventas de todo un periodo anual, aplicando la base de lo comentado y calculando la línea o curva de la tendencia. Imaginemos que nunca hemos aplicado estos conceptos pero que por otro lado te-

	Periodo	Mes	Ventas	TAM	TMM
2016	1	ene.	14.500		
	2	feb.	12.300		
	3	mar.	13.600		
	4	abr.	13.800		
	5	may.	14.000		
	6	jun.	15.500		
	7	jul.	15.800		
	8	ago.	12.500		
	9	sep.	17.000		
	10	oct.	16.900		
	11	nov.	18.200		
	12	dic.	21.200	185.300	15.442
2017	13	ene.	15.700	186.500	15.442

TABLA 8.2. Ejemplo de cálculo de la TMA.

nemos un histórico de al menos 3 años de las ventas mensualizadas de cada uno de ellos. Podemos entonces utilizar este método de alisamiento con la TAM para estimar los objetivos del nuevo ejercicio y procederemos de la siguiente manera.

Partimos de tener ordenado las ventas de 3 periodos anuales u otros periodos pero teniendo en cuenta que los periodos deben ser siempre los mismos, es decir, si queremos estimar los objetivos para el primer trimestre del año, tendremos que compararlos con los del primer trimestre del ejercicio anterior.

Para la estimación que vamos a realizar con este método, hemos considerado 3 años (2016, 2017 y 2018) y con ellos lo que haremos será estimar o proyectar el ejercicio 2019. Nunca antes habíamos estimado con este método y es por ello por lo que el primer periodo o año (2016) está exento de su TAM. Procedemos como figura en la Tabla 8.3.

El Excel lo tenemos ordenado por año, número de periodo mensual, mes, ventas obtenidas, TAM y TMM. Importante resaltar el número de periodo mensual ya que al igual que otros métodos para estimar objetivos es necesario llevar la cuenta de los periodos con el fin de ponderar aquellos que son más recientes frente a los que no lo son. Los alisados tienen en cuenta estos factores, por ello lo de numerar los periodos.

8. ESTIMACIONES Y PREVISIONES DE OBJETIVOS | 171

	Periodo	Mes	Ventas	TAM	TMM
2016	1	ene.	14.500		
	2	feb.	12.300		
	3	mar.	13.600		
	4	abr.	13.800		
	5	may.	14.000		
	6	jun.	15.500		
	7	jul.	15.800		
	8	ago.	12.500		
	9	sep.	17.000		
	10	oct.	16.900		
	11	nov.	18.200		
	12	dic.	21.200	185.300	15.442

TABLA 8.3. Ejemplo de cálculo de la TMA.

Con los datos de venta del año 2016 calcula el TAM y por consiguiente en TMM. Recordemos que el TAM en este caso es la suma de todos los meses y el TMM es la media de todo el año.

A continuación, en la Tabla 8.4, reflejamos el siguiente periodo (2017) y es donde debemos ir calculando el TAM, y como dato adicional el TMM. El TAM lo obtenemos con la suma anual entre los mismos periodos. Así el TAM de febrero será el resultado de sumar desde febrero de 2016 hasta febrero de 2017.

De esta forma, el TAM se puede con una simple fórmula ir agregando a cada uno de los periodos al igual que el TMM.

Realizamos el mismo ejercicio con el año 2018 (Tabla 8.5). Calculamos el TAM, añadimos de igual manera el TMM y tendríamos una base de cifras para preparar la estimación del nuevo ejercicio que será el 2019.

Ahora lo que necesitamos es calcular el nuevo TAM para el año 2019 y para ello nos ayudamos de una herramienta que podemos encontrar en Excel y que nos simplifica mucho la ecuación. Hay que decir que este método conlleva una formulación ciertamente empírica y de difícil traducción. El hecho de no poner la fórmula es simplemente porque lo verdaderamente importante es entender el método, para qué sirve, por qué hemos de utilizarlo y cómo tenemos que hacerlo. Hoy Excel puede facilitarnos mucha formulación empírica como en el caso del calculo de este método. Veamos cómo.

	Periodo	Mes	Ventas	TAM	TMM
2016	1	ene.	14.500		
	2	feb.	12.300		
	3	mar.	13.600		
	4	abr.	13.800		
	5	may.	14.000		
	6	jun.	15.500		
	7	jul.	15.800		
	8	ago.	12.500		
	9	sep.	17.000		
	10	oct.	16.900		
	11	nov.	18.200		
	12	dic.	21.200	185.300	15.442
2017	13	ene.	15.200	186.000	15.500
	14	feb.	12.350	186.050	15.504
	15	mar.	13.625	186.075	15.506
	16	abr.	13.900	186.175	15.515
	17	may.	14.110	186.285	15.524
	18	jun.	16.000	186.785	15.565
	19	jul.	15.850	186.835	15.570
	20	ago.	13.000	187.335	15.611
	21	sep.	17.200	187.535	15.628
	22	oct.	16.950	187.585	15.632
	23	nov.	18.350	187.735	15.645
	24	dic.	22.000	188.535	15.711

TABLA 8.4. Años 2016 y 2017.

Vamos a crear un gráfico para ver la curva de tendencia y para ello seleccionamos dos columnas. La primera es la que corresponde al número de periodo mensual y tomamos desde diciembre de 2016 (ya que tenemos el TAM calculado de ese mes), es la fila con el número 12, hasta la fila número 36 que es la corresponde a diciembre de 2018. Por otro lado, y dentro de la misma selección, agrupamos desde el TAM de diciembre de 2016 hasta el TAM de diciembre de 2018, es decir, las mismas filas que con los números de los periodos mensuales. Procedemos a insertar un gráfico y escogemos un gráfico de dispersión suavizada. Lo que nos aparece es un gráfico con una curva. Pulsamos dentro de la línea del gráfico al botón derecho del

8. ESTIMACIONES Y PREVISIONES DE OBJETIVOS | 173

	Periodo	Mes	Ventas	TAM	TMM
2016	1	ene.	14.500		
	2	feb.	12.300		
	3	mar.	13.600		
	4	abr.	13.800		
	5	may.	14.000		
	6	jun.	15.500		
	7	jul.	15.800		
	8	ago.	12.500		
	9	sep.	17.000		
	10	oct.	16.900		
	11	nov.	18.200		
	12	dic.	21.200	185.300	15.442
2017	13	ene.	15.200	186.000	15.500
	14	feb.	12.350	186.050	15.504
	15	mar.	13.625	186.075	15.506
	16	abr.	13.900	186.175	15.515
	17	may.	14.110	186.285	15.524
	18	jun.	16.000	186.785	15.565
	19	jul.	15.850	186.835	15.570
	20	ago.	13.000	187.335	15.611
	21	sep.	17.200	187.535	15.628
	22	oct.	16.950	187.585	15.632
	23	nov.	18.350	187.735	15.645
	24	dic.	22.000	188.535	15.711
2018	25	ene.	15.275	188.610	15.718
	26	feb.	12.400	188.660	15.722
	27	mar.	13.000	188.035	15.670
	28	abr.	14.100	188.235	15.686
	29	may.	14.100	188.225	15.685
	30	jun.	15.900	188.125	15.677
	31	jul.	15.900	188.175	15.681
	32	ago.	13.100	188.275	15.690
	33	sep.	16.900	187.975	15.665
	34	oct.	17.000	188.025	15.669
	35	nov.	18.400	188.075	15.673
	36	dic.	22.350	188.425	15.702

TABLA 8.5. Años 2016, 2017 y 2018.

ratón y escogemos agregar línea de tendencia. Una vez obtenida la línea de tendencia, nos muestra una serie de opciones de manera automática (depende de la versión de Excel) que tendremos que tratar y para el cálculo que necesitamos obtener es necesario que se visualicen una serie de cifras en el gráfico. En las opciones automáticas que nos aparecen, debemos incorporar las siguientes: extrapolarla a 12 (que son los meses que queremos estimar), dentro de las opciones de línea de tendencia señalar «potencial» (todas tienen un sentido, pero para las ventas se recomienda la potencial). Más abajo señalar «presentar ecuación en el gráfico» y «presentar el valor R cuadrado en el gráfico». Realizado este paso tendremos el siguiente gráfico:

FIGURA 8.1. Estimación de objetivos con TAM.

Y es la variable que necesitamos para estimar los meses de 2019 y R2 es el índice de confianza, el cual, cuanto más pegado esté a 1, más ajustada será la TAM, es decir, más fiable es el dato. En este caso el índice de confianza es del 82 %. Podemos considerar que es una buena R. El índice de confianza tiene que ver entre otros con la estacionalidad marcada, es decir, si las fluctuaciones son muy agresivas, es posible que el índice de confianza esté en unos porcentajes por debajo del 60 %. Se aconseja a la hora de utilizar esta estimación, que si los índices se encuentran en porcentajes inferiores al 75 %, se contraste el resultado con otro método (un buen método para contrastar podría ser el método de estimaciones cuadráticas logarítmicas de primer y segundo nivel que se explica más adelante).

Para calcular la TAM de enero de 2019 realizamos el siguiente cálculo dentro de la celda asignada a la TAM y la fórmula que asignaremos a esta celda será la siguiente: tomamos el valor primario de Y que aparece en el gráfico (179.087) y este número lo multiplicamos por el resultado de X (que es el número del periodo y que en esta ocasión corresponde al número 37 de enero de 2019 que se encuentra en la celda 56) elevado a 0,0146.

$$=179087*(C56\wedge 0{,}0146)$$

El resultado es el TAM de enero de 2019, y teniendo este TAM, podemos sacar el objetivo del mes de enero de 2019. Lo hacemos de la siguiente manera: al TAM de enero de 2019 (que lo acabamos de calcular) le restamos el TAM de diciembre de 2018 y le sumamos las ventas obtenidas en el mes de enero de 2018. El resultado para el mes de enero de 2019 es 15.632.

Si tenemos el TAM y tenemos el mes de enero, tan solo tendremos que arrastrar ambas celdas hacia abajo hasta el mes de diciembre de 2019 y tendremos el objetivo asignado a cada uno de los meses. El nuevo ejercicio quedaría de la manera como aparece en la Tabla 8.6.

Ya tenemos proyectado el nuevo ejercicio, pero como hemos comentado anteriormente tendremos que utilizar el sentido común ante el nuevo escenario 2019 y considerar las diferentes estrategias que la compañía tiene para el nuevo ejercicio. Es posible que hayamos invertido en una maquinaria capaz de generar más volumen de productos, podemos haber incorporado productos o servicios a nuestro catálogo, reforzar o incrementar la fuerza de ventas... Si existe alguna cuestión

	Periodo	Mes	Ventas	TAM	TMM
2019	37	ene.	15.632	188.782	15.732
	38	feb.	12.474	188.855	15.738
	39	mar.	13.072	188.927	15.744
	40	abr.	14.170	188.997	15.750
	41	may.	14.168	189.065	15.755
	42	jun.	15.967	189.131	15.761
	43	jul.	15.965	189.196	15.766
	44	ago.	13.164	189.260	15.772
	45	sep.	16.962	189.322	15.777
	46	oct.	17.061	189.383	15.782
	47	nov.	18.459	189.442	15.787
	48	dic.	22.408	189.500	15.792

TABLA 8.6. Ejemplo de cálculo de la TMA.

que pueda distorsionar una estimación ya sea por incremento o decremento, debemos analizar la misma y calcular un índice de corrección para afinar el resultado. Aunque ya sabemos que siempre que tengamos que trabajar con índices correctores, estos pueden suponer un factor crítico para el resultado tal como explicamos anteriormente. De la misma manera se aconseja ir alimentando la tabla con el fin de supervisar el cumplimiento de la estimación y ¿por qué no? También se puede modificar el objetivo ya que ha podido suceder algo en el mercado que no teníamos previsto o que incluso habiéndolo previsto se ha incorporado más tarde. Siempre es bueno y aconsejable analizar mensualmente las estimaciones objetivadas si lo que tenemos es un objetivo mensual anualizado.

Los análisis exponenciales en cualquiera de sus modalidades representan una manera de pronosticar o prever con más firmeza que, por ejemplo, si se utiliza la estimación o previsión ingenua. El alisado suaviza porque considera los aspectos de los diferentes periodos que fluctúan. Por tanto, es más completo, aunque ciertamente complejo en su formulación. No obstante, existe mucha información al respecto en la red, siendo lo importante que se conozca que existen y que nos aportan mucha visibilidad en la estimación de los objetivos. El inconveniente, por otro lado, es el dotarle de sentido común, es decir, si vamos a aumentar nuestras tiendas, aumentar el personal de la red de ventas, o simplemente introducir nuevos productos o servicios, los análisis exponenciales carecen de este sentido que por supuesto dependerá exclusivamente del talento y conocimiento que pongamos en ello.

Análisis de series

Una serie temporal es la sucesión de los hechos observados de una variable realizada en varios instantes o periodos de tiempo. Solemos trabajar con análisis de series cuando lo que nos interesa son los diferentes cambios producidos en un pasado para pronosticar el futuro inmediato. Existen varios ejemplos de series temporales y estas las podemos encontrar en muchos fondos de negocio o sectores. Podemos analizar las ventas, la economía, aspectos de capital humano, la meteorología, aspectos financieros derivados de métodos de pago, etc.

Como apreciamos en el ejemplo de la Figura 8.2, la línea discontinua marca la tendencia en función de la serie, en estos casos representan periodos. La proyectamos y podríamos estimar el nuevo

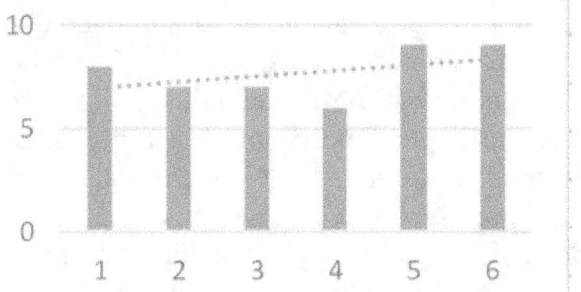

FIGURA 8.2. Gráfico por periodo de observación. Ejemplo análisis de series temporales.

periodo. Podría ser así de sencillo, el problema sería que estaríamos realizando una especie de previsión ingenua considerando series temporales. Incluso esta proyección nos la podría realizar una herramienta como el PowerPoint.

No podemos quedarnos en considerar un objetivo de esta manera con el simple hecho de proyectar una tendencia. Sí que considera las fluctuaciones en cada una de las series o periodos, pero siendo un poco más avanzada que la estimación ingenua, no representa la seriedad que justamente buscamos en un tema tan delicado.

Ahora bien, los análisis de series temporales permiten introducir indicadores que en función del comportamiento de los periodos los hacen más fiables. Las series temporales se clasifican en dos grupos. Esta clasificación proviene de una distribución que puede ser diferente en cada instante de tiempo.

Una serie es estacionaria o mantiene su estacionalidad si la media y la variabilidad se mantienen constantes a lo largo del tiempo. Una serie se dice que no es estacionaria si la media o la variabilidad cambian a lo largo del tiempo. Es por ello por lo que si utilizamos análisis de series debemos partir de haber analizado con anterioridad los periodos y concluir que los mismos atienden a una estacionalidad variable o constante ya que las series que no muestran líneas estacionarias estables y equilibradas pueden tener cambios, mientras que las series no estacionarias pueden mostrar una tendencia, es decir, que la media se incrementa o decrece a lo largo del tiempo. Además, pueden presentar efectos estacionales ya que el comportamiento de la serie es parecido en ciertos tiempos periódicos en el tiempo.

Cuando nos encontramos con un periodo estacional o serie estacionaria, lo que podemos obtener son proyecciones simples ya que de mantenerse la misma (estacionalidad), lo único que tenemos que hacer es proyectar la tendencia estacionaria. Como la media siempre es constante, podemos estimarla con todos los datos y utilizar este valor para predecir una nueva previsión. Por tanto, si hay estacionalidad, posiblemente exista una tendencia y para ello las series estacionales funcionan. Ahora bien, no son las más aconsejables para objetivos de periodos más largos. Con ellas podemos estimar el avance de una campaña comercial o de la salida de un producto al mercado. Mientras que el comportamiento sea estacional, el análisis de serie nos muestra una tendencia que se puede aproximar a lo llamamos una estimación o previsión fiable.

Estimar con series o como también se suele denominar construir series no resulta tan sencillo ya que la construcción de las series se realiza en función de lo que analizamos a priori. Existen varios tipos a la hora de construir series y de la misma manera que los alisados exponenciales (a los que algunos los consideran análisis de series) se pueden formular sin ningún tipo de problema.

No se trata de desplegar las fórmulas como si de un libro de matemáticas se refiriese, pero hemos de saber (que es lo que nos aplica) que, estimar o prever con estos conceptos facilita mucho el resultado de un objetivo.

Los análisis de series se utilizan o se suelen desarrollar en el ámbito de la dirección comercial cuando, por ejemplo tenemos un periodo corto de tiempo y con este método vemos el transcurso del mismo. Normalmente en periodos cortos el escenario no es muy cambiante. Conociendo la estacionalidad (si la hubiese), medir el hecho de la incorporación de una persona a la fuerza de ventas en el transcurso de un mes o dos con el fin de obtener una métrica de su curva de adaptación y aprendizaje es un ejemplo de entre muchos para utilizar series temporales. Sacar un producto al mercado y analizar sus primeros días de vida. Aperturar una tienda y medir el tráfico de clientes, analizar las ventas diarias y extrapolarlas a la semana en función de la serie para detectar posibles riesgos de cumplimiento mensual de objetivos... Como se puede apreciar, los análisis de series se pueden utilizar en muchos escenarios y son recomendables cuando lo que únicamente buscamos es ver la tendencia de un escenario en concreto en un espacio de tiempo temporalmente corto.

Intención de compra o test de concepto

Se trata de encuestas o estudios de mercado a un grupo de compradores existentes en la cartera de la empresa o clientes potenciales, con el fin de acercarles el concepto de un nuevo producto o servicio y así poder analizar el atractivo de este o estos hacia un *target* de mercado determinado. De igual manera se utiliza para estimar cifras de venta ya que si conocemos la intención de compra, traducir la misma en cifras resulta ligeramente más fácil que cualquier otro método visto anteriormente.

El objetivo del test de concepto o intención de compra es descubrir cómo percibe y se entiende por parte del consumidor (que no tiene por qué ser el usuario final, puede tratarse de un cliente) el producto o servicio a presentar, qué beneficios aporta y cuales podrían ser las bondades del mismo.

Tal como nos enseña Wolters Kluwer: «esta prueba previa es un elemento clave en el proceso de lanzamiento de nuevos productos, campañas promocionales o prever la fabricación en una cadena de montajes por ejemplo y ofrecerá la máxima información a la empresa cuanto más desarrollado se presente el concepto de producto o servicio a los consumidores». De forma concreta, los objetivos que se persiguen con ello cuando se realiza una prueba de concepto o intención de compra son:

1. Evaluar la intención de compra y con ello sacar la estimación necesaria para un periodo concreto. Es un método muy utilizado por las centrales de compra o franquicias textiles sin ir más lejos.
2. Conocer características demográficas de los compradores potenciales para poder llegar a ellos con un programa de marketing adecuado o acciones particulares comerciales encaminadas a facilitar la salida de los productos o servicios en cada una de las zonas.
3. Identificar los aspectos del concepto de producto que más agradan o desagradan a los consumidores para su posterior modificación o potenciación, siendo este un adicional que aporta mucho valor a una compañía.

Es por tanto necesario e importante el realizar un trabajo previo cualitativo con el fin de tener acceso a la sabiduría del producto, es decir, identificar y ser conocedor del tipo de producto o servicio que se está testando, sin olvidar que esto también nos lleva a identificar de la misma manera los indicadores que intervienen o actúan en el proceso de compra. Es por ello por lo que el proceso requiere de una base fiable y rígida para que los resultados sean lo más representativos posible. Cuando desarrollamos un test de concepto, los pasos previos o iniciales en donde van a descansar los resultados han de ser fijos, si estos los cambiamos entonces cambia el proceso y debemos repetir todo el procedimiento. Una cuestión que se suele plantear en estos procesos (en ocasiones muy complejos) es justamente el tener que modificar parte del mismo en su inicio. Si esto ocurre, es necesario repetir el proceso, no adecuar los resultados al cambio. De esta manera todo el trabajo cualitativo nos lleva a validar los resultados que pretendemos analizar.

Es determinante al mismo tiempo el tener conocimiento de todos los procesos de compra de una compañía. Ello nos permite afinar más con el test de concepto y por consiguiente obtener resultados más aplicables a nuestro producto o servicio. No podemos dejar un test de concepto en manos de personas que no tengan un fondo de negocio y, es más, no podemos dejar un test de concepto en manos de personas que desde luego no tengan ese conocimiento de la compañía. Si contratamos a una agencia o empresa para realizar un test de concepto, debemos dotarlos del conocimiento suficiente de la compañía para que en su realización se refleje los resultados que necesita la empresa.

Suele ser muy habitual el trabajar con índices correctores en determinadas preguntas o con ponderaciones en las mismas. Esto mismo se realiza por que como comentábamos anteriormente, un índice corrector pondera una respuesta. Por ejemplo, multiplicar por 0,75 el porcentaje de personas que responden «Sí que compraría el producto» y por 0,45 el de los «No estoy seguro que compraría el producto» es hacerse trampas al solitario. El problema de los índices es justamente la empleabilidad matemática que tienen. Si no los escogemos bien o los escogemos para *manipular* el resultado, el proceso estará intoxicado y no tendrá sentido. Es por ello por lo que un director Comercial debe conocer el proceso en todo momento y no solo los resultados. Las posteriores decisiones a una intención de compra o test de concepto estarán muy supeditadas a los resultados obtenidos y si solo conocemos estos y no sabemos nada del camino, podríamos cometer riesgos innecesarios por el simple hecho de no haber analizado cual es índice corrector adecuado para cada una de las preguntas, ya que aplicar factores de corrección es una práctica habitual por actuar como «alisadores». El problema radica en como escoger los factores o índices de corrección adecuados al igual que ocurre con algunos métodos exponenciales. En el caso de los alisados exponenciales, el factor corrector en muchas ocasiones es la media de fluctuación de los periodos más elevados respecto a los menos, es decir, si en un periodo de seis, el periodo más elevado fluctúa un 25 % y el que representa mayor decremento representa un 19 %, el factor corrector se puede sacar ponderando la media de estos periodos.

En el caso de la intención de compra o test de concepto, buscar un factor de corrector y traducirlo a números es una tarea analítica muy delicada.

El objetivo que se persigue con esta clase de estimaciones es prever una demanda a futuro como se mencionó anteriormente. Esta proyección de demanda nos puede llevar a incorporar procesos nuevos de compra e incluso de fabricación, además, por supuesto, de incorporar procesos de comportamiento totalmente novedosos en una empresa en cuanto por ejemplo la manera de ofrecer o vender un producto o servicio. Expertos en este tema recomiendan tomarse la intención de compra como un indicador adicional a la estimación de un objetivo y no como el único indicador para tener en cuenta a la hora de prever o estimar los objetivos. Es por ello por lo que siempre es aconsejable el considerar al menos dos estimaciones para afinar mucho más con el proceso analítico de la estimación o proyección de objetivos de objetivos.

Estimar sobre un test de concepto o intención de compra en un producto o servicio totalmente nuevo, y cuando decimos novedoso nos referimos a productos o servicios que no se pueden comparar con cierta facilidad en el mercado, nos va a producir una dispersión sobre la realidad que no nos aportará la luz que necesitamos, si no tenemos histórico sobre el producto o servicio de igual manera se producirá distorsión en los resultados obtenidos. Hay que considerar que un test de concepto no es un *focus group*, el cual sí que puede de alguna manera darnos la información que requerimos sobre un producto o servicio. Si por el contrario contamos con histórico, con datos que nos permitan acceder a comparaciones y el conocimiento y análisis necesario, un test de concepto o intención de compra nos incorporará resultados muy precisos y esto nos llevará a la toma de decisiones adecuada. Por ese mismo motivo se sugiere realizar al menos dos estimaciones y como aspecto determinante el tener un talento analítico para el proceso.

Una prueba de concepto o intención de compra refleja básicamente dos resultados. Por un lado, si el cliente tuviera intención de comprar el producto o servicio. Esto se podría entender como una respuesta positiva, es decir, tenemos captado el interés, pero esto no quiere decir que el cliente vaya a comprarlo. Por otro podemos concluir como aspecto negativo que el cliente no podría estar interesado en adquirir el producto y aunque en la respuesta anterior sí que se puede mostrar cierto interés, y con ello tomar decisiones futuras de cara a lanzar el producto o servicio, en la segunda o en la respuesta negativa, más vale no seguir adelante con él. Trabajar en fases posteriores a la realización de un test de concepto solo es aconsejable en el caso de tener la certeza de haber sembrado la curiosidad que necesitamos sobre nuestro producto o servicio.

Considerando los resultados de un test de concepto o intención de compra, podemos determinar que a no ser que haya una aceptación plasmada en una positivad abrumadora, cualquier decisión sobre respuestas de «probablemente», «quizás», «ahora no», etc., que superen porcentajes por encima del 40 % o 50 % no se podrían considerar como reacciones positivas.

La delicadeza de este tipo de estimaciones, en cuanto al proceso descrito y a los resultados que refleja, no hace de esta estimación un método de proyectar la demanda muy fiable. Sí que nos puede acercar a una realidad negativa y justamente por ello el método se puede convertir en un reflejo de lo que no debemos hacer. Sin embargo, como acompañante es bien recibido, es decir, que viaje junto a otro tipo de estimación más empírica.

Si lo que queremos es determinar el volumen de demanda de un producto o servicio, la intención de compra no sería, como hemos apuntado anteriormente, el método más acertado. Este método que utiliza la parte cualitativa como medio para determinar un resultado, difícilmente refleja la parte cuantitativa, y por otro lado la intención de compra de un producto determinado no refleja que la misma se vaya a producir.

Este método suele ser bastante utilizado por los departamentos de Marketing a la hora de poder estimar el lanzamiento de un producto, por ejemplo. Sin embargo, también es muy utilizado para estimar objetivos en centrales de compra y empresas franquicias. Si como franquicia, trimestralmente me siento a negociar con mis franquiciados para conocer la intención de compra para el siguiente trimestre y se llega un acuerdo, puedo saber el volumen que voy a mover y que se va a fabricar, el personal que puedo necesitar y, por supuesto, esto me lleva a poder negociar mejor las materias primas. Podemos proyectar campañas o acciones comerciales. Las ventajas son muchas como podemos apreciar. Las centrales de compra también utilizan en periodos cortos este método con el fin de planificar todo un plan de ventas para el nuevo periodo.

Pero ¿qué ocurriría o como podríamos aplicar este método a una red comercial o fuerza de ventas? Sencillamente pensando en cada uno de ellos como clientes. Nos sentamos con ellos y establecemos un método de intención de compra considerando por supuesto todo el conocimiento que necesitamos para ello. Incluso sin ser demasiado riguroso con el método, con el simple hecho de pedirles a cada uno de ellos los objetivos, en ocasiones nos llevamos más de una sorpresa, obteniendo cifras por encima de lo que uno puede estimar. Esto puede llamarse hacerse trampas al solitario y lo que importa por encima de la cifra que resulte de una previsión de objetivos está la manera de haber llegado a ella, así que tengamos mucho cuidado con estas praxis. Si compartimos o si trabajamos en equipo hay que tener por parte de todos los miembros conocimiento suficiente como para elaborar unos objetivos acordes a lo establecido.

Resulta curioso, pero cuando contamos con la fuerza de ventas o con una representación de ella para el desarrollo y estimación de objetivos, se llega a obtener un compromiso superior a si la presentamos sin ellos.

Técnicas cuadráticas. Curvas de primer y de segundo grado logarítmicas.

Estamos viendo diferentes técnicas y herramientas para estimar, prever o proyectar. Todas ellas tienen una misión y sirven para determinados escenarios. Si bien estamos frente a una estimación de objetivos que en muchos casos puede ser a medio-largo plazo, debemos escoger técnicas que puedan ayudarnos, por un lado a afinar más con el resultado y por otro a poder comunicarlo con total claridad.

Las técnicas cuadráticas que vamos a detallar son un método de previsión que conjuga todos los aspectos que necesitamos a la hora de estimar. El interior de una técnica de este tipo contempla alisados, tendencias, fluctuaciones e indicadores que cualquier otra técnica no tiene en cuenta en su totalidad. No se utiliza para previsiones a corto, para medir series o tendencias, simplemente hacemos uso de ellas para prever un objetivo a más largo plazo.

Como la mayoría de las técnicas solo contempla un resultado individual, es decir, un único resultado que será en este caso el objetivo del nuevo periodo a estimar, por lo que, si necesitamos tener objetivos por zonas, vendedor, producto, etc., esta herramienta o bien la repetimos por cada resultado independiente que necesitemos estimar o tendremos que utilizar otra con el fin de obtener lo que necesitamos.

Siempre es aconsejable que se conozcan y que se sepan utilizar varias técnicas, y que estas sean muy amigables para nosotros ya que en la comunicación posterior a una previsión, si no conocemos bien la herramienta o no podemos contestar a alguna pregunta de carácter más técnico, difícilmente podremos explicarla con total claridad ante cualquier público.

No nos preocupemos de que nos puedan dar un único resultado, existen técnicas que nos aportan varios resultados a la vez y de la que más adelante detallaremos. Cuando estimamos lo que necesitamos es un único resultado, una vez lo tengamos ya será hora de segregarlo o repartirlo de la forma más adecuada con otras herramientas al uso.

El interior de una técnica cuadrática de las que vamos a hablar es lo que menos nos preocupa en este momento. No tenemos ni necesitamos saber el comportamiento interno de la misma desde su propia formulación. Con saber qué es lo que contempla en su interior y que se ha indicado anteriormente, es suficiente como para empezar a ver como desarrolla la previsión a través de los datos que se requiere.

Tal como se muestra en la Tabla 8.7, necesitamos una tabla en donde tendremos que poner una serie de datos. La mayoría de las técnicas cuadráticas necesitan números de al menos cuatro cifras por lo que si nuestro volumen (ya sea de producto o de facturación) es inferior, solo debemos aplicar más ceros y si es superior podemos, por un lado, dejarlo tal cual o reducirlo a cuatro cifras si con ello nos sentimos más cómodos. Si tenemos menos cifras, el resultado se puede

8. ESTIMACIONES Y PREVISIONES DE OBJETIVOS | 185

	Año (X)	Ventas (Y)	X2	X*Y
	0	1200	0	0
	1	1600	1	1600
	2	1730	4	3460
	3	1420	9	4260
	4	1900	16	7600
	5	2030	25	10150
TOTAL	15	9880	55	27070

TABLA 8.7. Base para el cálculo de estimación con técnicas cuadráticas.

ver distorsionado o incluso negativo, aunque no le corresponda. De la misma manera debemos tener en cuenta el número de periodos que necesitamos para el cálculo, y estos son seis, no más, pero tampoco menos por lo que si estimamos habitualmente trimestralmente, por ejemplo, pondremos seis trimestres. Si son años, los últimos seis y si son cuatrimestres (también llamados Q) de igual forma seis Q, así que podemos adaptar la tabla a lo que necesitemos con la salvedad de que si existe estacionalidad anual y estimamos mensualmente, trimestralmente o cuatrimestralmente, el comportamiento del resultado se puede ver bastante distorsionado o deteriorado por la estacionalidad, es decir, si vamos a estimar el segundo trimestre del año y para ello tomamos los últimos seis anteriores, el comportamiento de los mismos en función de la estacionalidad es diferente. Puede darse el caso de que el trimestre de las navidades sea el más potente y que el segundo del año el menos, por ello es necesario que cada periodo muestre el ciclo completo de una estacionalidad, este aspecto es determinante para medir el comportamiento del resultado como la cifra que corresponde al ciclo completo estacional.

Las cuatro columnas se desarrollan de la siguiente manera: la primera o columna X es donde ponemos el numero que corresponde a cada uno de los seis periodos, siendo 0 (cero) el periodo más antiguo y 5 el más reciente. Como se aprecia, este orden de la técnica cuadrática es para considerar los posibles alisados dando más importancia a los periodos actuales que a los antiguos. Por lo tanto, ya tenemos un aspecto importante de la herramienta. Estos periodos serán siempre los mismos, son valores fijos de la tabla y no se pueden cambiar ni modificar. Al igual que a la hora de estimar con el TAM, utilizábamos un número para cada periodo mensual.

La segunda columna es donde pondremos el volumen de cada periodo que hemos realizado y la pasamos a llamar columna Y, es decir, si es facturación, pues el importe absoluto de cada uno de los periodos y si es volumen de producto, sencillamente el número de unidades vendidas en los seis periodos.

Consideremos un aspecto antes de continuar y que en las diferentes clases que imparto me suelen preguntar. Las cifras de venta han de ponerse sin impuestos. Al igual que al considerar el pago de las comisiones, tenemos en cuenta la cifra de facturación sin incluir ningún tipo de impuesto.

Volviendo a la tabla de la imagen 1, la tercera columna representa el periodo al cuadrado y es denominada X2, es decir, el periodo más antiguo que es el 0, queda elevado al cuadrado por lo que el resultado sigue siendo 0 y el periodo más reciente que es el 5 al elevarlo al cuadrado obtenemos la cifra de 25. En este escenario es donde contemplamos todo lo relacionado con alisados y que se comentó anteriormente.

Hasta ahora simplemente hemos puesto las cifras pertinentes a cada periodo en la columna al uso, el resto son valores fijos o formulaciones como esta tercera columna que eleva al cuadrado la primera.

En la última columna (4.ª), denominada X*Y, se formulará el resultado de multiplicar los periodos por las cifras de ventas, de producto, etc., es decir, la primera columna (X) por la segunda (Y). De nuevo el resultado para el periodo más antiguo, queda a cero. De este periodo solo tenemos una cifra que ponderará en el resultado final y es la cifra que corresponde a las ventas. Del resto de los periodos queda patente después de ver la tabla, la importancia que toman los periodos recientes sobre los más antiguos. El alisado queda realizado sin tener que incorporar un índice corrector o de corrección que es justamente lo que resulta crítico en otras técnicas. Eliminado el problema de considerar un índice de corrección, podríamos decir hasta el momento que la técnica cuadrática solventa un problema que es muy delicado y que afecta si no se realiza de manera muy analítica al resultado.

Terminamos la tabla incorporando un sumatorio a todas las columnas. Un proceso sencillo que no requiere de la incorporación de muchos datos, salvo el de la cifra de ventas y posteriormente pasamos a la formulación de la propia técnica cuadrática.

Para ello partimos de la siguiente fórmula:

$$y = a + bx$$

En donde y será el nuevo periodo y la incógnita o variable para despejar, x es el número que corresponde al nuevo periodo, en este caso es 6 ya que el periodo más reciente es 5 y a y b lo despejamos de la siguiente forma:

$$a = \frac{\sum y \times \sum x^2 - \sum xy \times \sum x}{N\sum x^2 - (\sum x)^2}$$

$$b = \frac{N \times \sum xy - \sum x \times \sum y}{N\sum x^2 - (\sum x)^2}$$

Aunque parezca una fórmula más de física o matemática cuántica, formularla no conlleva problemas pues en su mayoría está repleta de sumatorios parciales de las columnas de la tabla y por otro lado, cifras elevadas al cuadrado.

El resultado que nos daría dado el ejemplo expuesto en la Tabla 8.7 sería el siguiente:

$$y = 1308\ (a) + (135\ (b) \times 6)$$

Al despejar la Y, nos quedamos con la cifra de 2118, que serán unidades, facturación etc.

Si regresamos a la tabla, vemos que el nuevo objetivo de 2118 tiene sentido desde varios puntos de vista. En primer lugar, es un objetivo que ha considerado las fluctuaciones habidas en los diferentes periodos. Por ejemplo, del periodo 3 al 4 se produce una distorsión de incremento muy elevada, seguramente por determinadas circunstancias. La técnica lo tiene en cuenta y al revés que lo haría un análisis de serie, esta técnica, sin necesidad de incorporar un índice corrector, alisa ya que entre el periodo 4 y el 5 no se obtiene la proporcionalidad porcentual de los periodos anteriores.

Si empleásemos una estimación ingenua, el resultado hubiese sido mucho más diferente ya que estos escenarios de incrementos tan acusados los considera como un aspecto muy positivo y el resultado mostraría la misma positividad. Al igual que pasaría si el escenario fuese negativo. Si empleamos un alisado, el problema lo tenemos en el índice de corrección que depende en gran medida de nuestra capacidad analítica. Un índice de corrección mal colocado nos da como fruto un resultado que puede distorsionar la realidad.

Lo prudente y sugerible es utilizar al menos dos técnicas a la hora de prever o estimar. Un alisado una técnica cuadrática para estimar objetivos es lo más recomendable. Puede darse el caso de que no coincidan los resultados y que sean muy dispares, esto es síntoma o bien de los índices correctores de los alisados exponenciales o bien de la poca linealidad entre los periodos, lo cual también afecta al resultado. Sin embargo, si los resultados son parejos, podríamos estar de acuerdo en que tenemos ya la cifra del objetivo para un nuevo periodo. Recordemos que poner sentido común es el factor más importante en la realización y estimación de los objetivos.

La técnica cuadrática puede igualmente mostrarnos como resultado una cifra por debajo del último periodo y esto es algo que pocas empresas pueden aceptar. No se trata de bajar los objetivos, se trata más bien de poner más carne en el asador para poder conseguir cifras más altas. Si después de alisar o realizar una técnica cuadrática, el resultado es inferior al del último periodo, os aseguro que el problema no está en la misma estimación sino más bien en otros aspectos que como empresa debemos de considerar pues la previsión augura malos tiempos.

Las técnicas cuadráticas de este tipo son muy utilizadas por su grado de comprensión de los diferentes escenarios y por entender las fluctuaciones de los periodos. Sus resultados son más finos, aunque hay que considerar que ni esta técnica ni ninguna, puede prever si no incorporamos información vital del nuevo periodo como por ejemplo la incorporación de más personal de ventas, nuevos productos, nuevos clientes, etc.

Es un modelo de estimación que se recomienda para estimar objetivos de venta ya que considera muchos indicadores y por supuesto los tiene en cuenta. Junto con los alisados, podríamos decir que son los métodos de estimaciones más ajustados a la realidad.

MÉTODO DELPHI

El método Delphi podríamos incluirlo dentro de las estimaciones relativas al futuro en un conjunto de análisis y estudios sobre las condiciones técnicas, científicas, económicas y sociales de la realidad futura con el fin de anticiparse a ello en el presente.

Su nombre deriva de un estudio que realizó la Rand Corporation para la fuerza aérea de Estados Unidos, y se le dio el nombre de Proyecto Delphi. Su objetivo era la aplicación de la opinión de expertos a la selección de un sistema industrial norteamericano óptimo y la estimación del número de bombas requeridas para reducir la producción de municiones hasta un cierto número.

«Es un método de estructuración de un proceso de comunicación grupal que es efectivo a la hora de permitir a un grupo de individuos, como un todo, tratar un problema complejo». (Linstone y Turoff, 1975). El método Delphi se basa en la consecución de unos resultados intuitivos emitidos o realizados por un grupo de expertos en la materia.

El objetivo a través de los cuestionarios sucesivos es disminuir el espacio intercuartil, es decir, es una medida de dispersión estadística aislando la opinión de cada experto del resto. Dicho de esta manera probablemente no entendamos mucho, pero el método Delphi es un método sencillo y eso es lo que vamos a detallar a continuación.

Se considera un método de estimación cualitativa o subjetiva, sin que la palabra subjetividad nos lleve a pensar en algo que depende del punto de vista que le quiera dar el sujeto en cuestión. Porque, aunque sea así, es decir, cada integrante del método de una manera independiente responde con su criterio de experto, si el cuestionario es adecuado a lo que se quiere conseguir, al final del proceso se habrán obtenido un cruce de respuestas idóneas para la toma de decisiones. Por tanto, ya identificamos un aspecto muy delicado, el cuestionario. Pero ¿cómo funciona el método?

En primer lugar, no hacemos uso de datos históricos. A diferencia de la intención de compra, este método no trabaja con históricos, esa es una de las principales diferencias entre estos dos métodos. Por consiguiente, si no tenemos histórico, el método Delphi puede ser de gran ayuda.

Adicionalmente todo el impacto que se crea desde el exterior influye de manera más directa que el que se puede crear desde el interior. De esta manera se consigue que el anonimato en las respuestas de cada uno de los integrantes sea el aspecto más destacable del método. De hecho, desde un aspecto cognitivo responder de manera anónima y por otro lado que de manera anónima igualmente podamos ver las respuestas de los demás, nuestras afirmaciones (aunque no esté del todo de acuerdo) son más fiables. El sentido común expuesto por los expertos hace que el método sea considerado como un método contrastado y de fácil aplicación.

Cuando nos encontramos en una encrucijada por un determinado problema, algo que suele ocurrir en muchas de las reuniones que realizamos para tomar decisiones sobre algún aspecto estimativo o de previsión, el método Delphi nos puede dar las respuestas que necesitamos de una manera ordenada y eficaz, ya que se mantiene la heterogeneidad de los participantes con el objetivo de asegurar la validación de los resultados obtenidos. Por supuesto, estos participantes deben ser expertos y tener conocimiento en la materia.

El método consiste en solicitar opinión a una serie de expertos sobre el comportamiento futuro de una variable determinada. Este método se utiliza para estimar variables siempre en un periodo corto de tiempo, es decir, que se pueda aplicar a corto y no a largo por lo que se hace indispensable considerar la aplicación de la estimación inmediatamente. Como hemos comentado anteriormente, las opiniones (siempre escritas o respondidas) se van realizando de manera anónima y se van cruzando entre todos los integrantes del grupo para que de esta manera podamos ir a la vez opinando sobre lo que vamos leyendo de los demás y ajustando el resultado de cada una de las preguntas.

El proceso termina cuando se llega a considerar que se ha alcanzado un cierto consenso.

Sin embargo, más allá de lo expuesto, podemos adoptar el método como ventaja para poder llegar a un consenso sin atender a influencias, siendo un método muy utilizado en el marketing. Al igual que en la intención de compra o test de concepto sucede con el método Delphi, es decir, podemos adaptarlo para estimar objetivos si lo que estamos tratando de prever o estimar es sobre un producto o servicio nuevo en el porfolio. Efectivamente se utiliza para escenarios que no cuentan con histórico. Las empresas de nueva creación que no tienen históricos en sus discos duros pueden llegar a aprovechar la ventaja del método Dephi para estimar su primer año de ventas. Para ello se deben rodear de expertos y de documentación analítica del sector, así como información de mercado y competencia.

El método Delphi se caracteriza principalmente por: el anonimato ya que durante el transcurso del método ningún experto o integrante del grupo conoce la identidad de los otros. La repetición o reiteración organizada de las respuestas se consigue al presentar varias veces el mismo cuestionario, esto produce que cada uno de los expertos vaya conociendo y explorando los puntos de vista del resto y a su vez puedan ir cambiando o transformando sus respuestas sin tener que estar influenciados por nada ni por nadie. La respuesta del grupo en forma estadística de tal forma que la información que se va presentando a los expertos no es solo el punto de vista de la mayoría, también se presentan y se desarrollan todas las opiniones indicando el índice o grado de acuerdo que se ha obtenido con las diferentes preguntas y respuestas. Si contamos con un plantel de expertos en diferentes cuestiones, siempre y cuando la base de su conocimiento sea común, los resultados serán más precisos.

Para desarrollar el método debemos seguir una serie de pasos:

a. *Definir los objetivos de objetivos.* Tenemos que poner el título al objetivo que perseguimos, para ello lo formulamos juntamente con la definición del problema, es decir, por qué estamos aquí y qué es lo que queremos conseguir.

b. *Pensar en la selección de expertos que necesitamos.* Áreas funcionales de la empresa que deben estar presentes en función del objetivo planteado, conocimiento de los expertos sobre la materia, más allá podemos analizar el rango de responsabilidad y el acceso a la información, así como la disponibilidad en el proceso.

Una vez que tengamos el objetivo y el elenco de expertos se procede a dotarles de cierta información la cual determinará el transcurso de los resultados: identificado el objetivo, se procede a su comunicación, se detalla el problema, se fija el *timing* para estimar la duración y en el caso de que hay algún tipo de gratificación se informa.

c. *Se pasa a la fase de la elaboración de los cuestionarios.* Esta parte es de las más delicadas, pues a malas preguntas, malas respuestas. Se puede realizar de la misma manera una ponderación o introducir un índice corrector en cada una de ellas. Este aspecto se puede llevar a cabo de dos maneras: la primera informando al panel de expertos sobre la ponderación de las preguntas, la segunda que es la más usada, dejando los aspectos de ponderación anónimos.

d. *Entrega de los cuestionarios y primera ronda de respuestas.* Cada integrante o experto responderá a cada una de las preguntas, no pudiendo dejar de contestar a ninguna. Se recogen los cuestionarios, se informa sobre los resultados y se reparten de nuevo, teniendo en cuenta que se reparten de manera que a nadie le toque el que ha realizado. Normalmente suelen realizarse de dos a tres oleadas con el fin de reducir la dispersión entre las diferentes respuestas.

En resumen, nadie conoce las respuestas de los demás, se hace de manera individual y por escrito para mantener el anonimato de las respuestas. Se recogen las respuestas, se realiza una síntesis de ellas y se reparten de nuevo, pero en un orden diferente. Para evitar dispersiones se concentran las medias y se suma todos los datos dividido por el número de datos.

Las ventajas son significativas al utilizar este método ya que por un lado se obtiene por parte de un panel de expertos diferentes puntos de vista, por otro la manera de contrastar las diferentes respuestas en ruedas u oleadas sin marcar ningún tipo de influencias en ella y desde diferentes perspectivas. Sin embargo, estas ventajas pueden llegar a ser grandes inconvenientes, ya que contar con un panel de expertos adecuado en ocasiones es complicado. Pero si tenemos en cuenta que este método puede sustituir perfectamente a las laboriosas reuniones tipo *brainstorming*, o en las que solo unos cuantos opinan, o en las que solo el que las convoca habla, entonces ganaremos en eficacia y eficiencia.

Por otro lado, también cuenta con algunos inconvenientes, siendo su principal el coste que supone realizarlo. El tiempo de ejecución, (desde el período de formulación hasta la obtención de los resultados finales). De la misma manera, requiere una masiva participación para que los resultados tengan significancia estadística. Sin embargo, la parte más crítica son las preguntas del cuestionario, siendo el indicador principal ya que, en función de las preguntas, el resultado podría distorsionarse. Los sesgos en la elección correcta de los participantes es sin duda otro indicador muy delicado y algo que suele ocurrir o que puede suponer un riesgo es el elevado número de deserciones debido al tiempo.

Tras realizar las diferentes fases de este método se realiza un informe final, el cual ayudará en la toma de decisiones sobre el problema u objetivo. El método Delphi tradicional, es clasificado por algunos autores como cualitativo, ya que por el propio proceso parece más un método cualitativo que cuantitativo, aunque esto no es del todo cierto.

Si bien el proceso puede resultar cualitativo, el resultado del mismo es perfectamente traducible a cifras, aunque como se ha apuntado está más dirigido a una estimaciones o previsiones concretas.

En estructuras comerciales este método puede ayudar a definir los objetivos ya que puede contribuir directamente a crear escenarios probables con el fin de incrementar un porcentaje las ventas. Al igual que hizo la Rand Corporation para reducir la producción de municiones, podemos utilizar el método para incrementar las ventas. Si estimamos mediante cualquier técnica descrita y el resultado que obtenemos no es la cifra que dote de un pulmón financiero a la compañía, o dicho de otra manera el resultado de la estimación pone en serio riesgo la cuenta de resultados, realizar el método Delphi para aumentar la capacidad de producción o el volumen de negocio puede ser una muy buena idea. Por tanto, es muy recomendable para escenarios complicados.

MÉTODO KRISP

Si cuando se comentaba en las técnicas cuadráticas que el resultado de cualquier, o de la mayoría de los métodos conocidos, reflejan una única cifra, el método Krisp es la herramienta perfecta para poder coger la cifra y desglosarla por zonas, vendedores, países, etc.

Es un método fácil en su ejecución y de nuevo nos enfrentamos a una herramienta que nos facilita la comunicación por ser numéricamente hablando muy justa. Sabemos que los objetivos no son del agrado de muchas personas, pero como hemos repetido e insistido, la comunicación de los mismos mediante técnicas facilita la comprensión y aumenta el compromiso.

Es un procedimiento muy detallado valorando el logro obtenido y posibles comportamientos, de tal manera que una vez más está muy pegado a la estrategia de un buen SRV (tal como se detalló en el capítulo al uso). Solo necesitamos despejar una variable antes de comenzar con ello y es la cifra estimada u objetivo para el nuevo periodo. Como esto ya lo hemos deducido con una técnica cuadrática y contrastado con un alisado, tomamos la cifra y estamos preparados para poder dividirla por zona, vendedores, etc.

Partimos de la Tabla 8.8 y explicamos de manera detallada cada una de las columnas.

Zona	Cuota Obj. %	Ventas Obt.	PAR	Eficacia	Cuota 1	Cuota 2	Cuota 3
A	21 %	960	1155	0,86	1260	1134	1159,2
B	23 %	1375	1265	1,09	1380	1380	1407,6
C	27 %	1375	1485	0,93	1620	1539	1571,4
D	29 %	1760	1595	1,10	1740	1827	1861,8
TOTAL	100 %	5500	5500	1,00	6000	5880	6000

TABLA 8.8. Tabla cálculo método KRISP.

La primera columna es cada una de las partes que recibirán la cifra correspondiente a su estimación u objetivo. En este caso son zonas, pero pueden ser vendedores, tiendas, etc. Incluso si partimos de la cifra general obtenida por otras técnicas, queremos dividirla en zonas y posteriormente en tiendas, podemos repetir el proceso tantas veces consideremos. Puede darse el caso de que tengamos a nuestra fuerza de ventas en diferentes zonas y que el comportamiento de estas difiera una de la otra, lo aconsejable en cuanto a estos escenarios es utilizar el método Krisp pero paso a paso. Primero tendría la cifra general de la compañía, después la dividiría por zonas y realizado esto, pasaría a dividirla por tiendas o vendedores. Si mezclamos la cifra general y la dividimos por vendedores sin considerar las zonas de actuación de estos, y cuando digo considerar zonas de actuación me refiero a medir la estacionalidad de cada una de las zonas para medir, por ejemplo, el comportamiento de compra, podremos cometer un error muy grave y distorsionar por completo el reparto del objetivo.

El método Krisp es de fácil ejecución y tenerlo en un Excel a uso puede facilitarnos y ayudarnos a repartir un objetivo tantas veces como queramos una vez que incorporemos la cifra general de estimación.

La segunda columna (cuota objetivada %) es la cuota en términos porcentuales objetivada en el ejercicio anterior, es decir, en la tabla apreciamos en la zona A una cuota objetivada del 21 %, lo que viene siendo una participación porcentual del objetivo. En este caso la zona A representaba en el ejercicio anterior una participación sobre el total del objetivo del 21 %. La zona A era la responsable del 21 % del objetivo de la compañía, más adelante veremos cómo atendió su responsabilidad y con ello destaparemos una realidad que en muchas ocasiones no consideramos al apreciar más a ciertos vendedores cuyo comportamiento y responsabilidad están sobrevalorados por el simple hecho de llegar a un objetivo.

La tercera columna representa las cifras de ventas, aunque tal como se mencionó en las técnicas cuadráticas, estas cifras pueden corresponder a facturación, unidades, clientes, etc. De cada una de las zonas tal y como está expuesto en la tabla. En ella se incorporan las cifras de último periodo ya que en el método Krisp no tenemos en consideración más que el último periodo al ser un método que actúa como continuación de una primera estimación ya venga por un resultado cuadrático o de cualquier otra índole, y por entonces ya se han considerado ciertos escenarios y periodos.

La cuarta columna es la llamada o denominada PAR de ventas. El PAR es un indicador que se suele seguir en un cuadro de mando y que representa la cifra en valores absolutos que en función del total alcanzado dicha zona debería haber realizado. En el ejemplo de la tabla, como la cifra del ejercicio anterior es de 5500, la zona A al tener una participación objetivada sobre la cifra del ejercicio anterior del 21 %, con independencia de si ha llegado o no al objetivo, debería por lo menos de ser el 21 % de lo vendido o realizado, es decir, 1155, y en la tabla vemos que se ha quedado en 990. Con este indicador podemos medir el comportamiento de la zona en función del porcentaje objetivado y de ahí podemos analizar diferentes escenarios. Uno de ellos es analizar el comportamiento de cada zona en función de lo acontecido por todas, es decir, se puede haber llegado al 100 % del objetivo, pero no representa el 21 %, porque seguramente otra zona ha quedado por encima del 100 %. De la misma manera se puede obtener un PAR alto y no haber llegado al objetivo. Esta es la cuestión que nos hace ver lo que realmente importa de una red de ventas que no por llegar al objetivo, nuestro comportamiento es el adecuado, o no por llegar a cumplir el objetivo, somos los mejores vendedores. Este aspecto se comprende aún mejor con la siguiente columna, el índice de eficacia.

La eficacia o índice de eficacia está representado en la quinta columna y es el resultado de dividir las ventas obtenidas entre el total y este a su vez con la cuota. Veamos un ejemplo: la zona A ha obtenido unas ventas de 990 que dividido entre el total de las ventas realizadas (5500) y traducido el resultado a un porcentaje, se obtiene 0,18 (18 %). Este resultado porcentual lo dividimos a su vez con la cuota objetivada (21 %) y nos da un resultado de 0,86 o del 86 %. El índice de eficacia de la zona A es del 86 % sobre un total de 100 %. Como se mencionaba anteriormente se ha podido llegar al objetivo en cifras de ventas, pero la eficacia de esta zona está por debajo de su nivel de compromiso porcentual que es del 21 %. Si las demás zonas han aumentado, por ejemplo, sus ventas, estas le han restado eficacia a la zona A. Es cierto que ha llegado al objetivo pero su comportamiento es menos eficaz que el del resto de las zonas. Puede ocurrir que no haya llegado a su objetivo de cifra de ventas, pero en este caso igualmente su comportamiento está por debajo de la participación porcentual de ventas asignado. Con lo que se concluye que no por llegar a los objetivos en cifras se es bueno si el comportamiento porcentual no es el adecuado y, por otro lado, que aunque no se llegue a objetivos, la eficacia puede estar por encima de lo objetivado en términos porcentuales.

La manera de medir a una fuerza de ventas por su índice de eficacia es una forma de analizar con justicia el escenario recorrido por la misma. Solemos premiar a las personas que alcanzan su cifra de ventas y no consideramos su índice de eficacia. Es un error que nos lleva a no tener la objetividad adecuada del comportamiento comercial respecto a los objetivos asignados. Si en un SRV premiamos en la parte de los logros el indicador de eficacia, obtendremos mejores resultados ya que puede ocurrir que nadie llegue a objetivos, pero el camino empleado por cada representante de una fuerza de ventas puede que haya sido diferente y de igual forma el que una zona llegue a objetivos con un índice de eficacia del 86 % y el resto tenga una eficacia del 100 %, aunque no haya llegado, es representativo del esfuerzo y del compromiso alcanzado. Dicho esto, ¿cómo valoramos a nuestra fuerza de ventas?

A partir de esta columna, se empieza a desarrollar el reparto y se realiza en tres fases que irán alisando el camino hasta obtener el reparto adecuado.

Ahora solo nos fijaremos en las tres últimas columnas denominadas cuotas o cuotas de asignación.

Zona	Cuota Obj. %	Ventas Obt.	PAR	Eficacia	Cuota 1	Cuota 2	Cuota 3
A	21 %	960	1155	0,86	1260	1134	1159,2
B	23 %	1375	1265	1,09	1380	1380	1407,6
C	27 %	1375	1485	0,93	1620	1539	1571,4
D	29 %	1760	1595	1,10	1740	1827	1861,8
TOTAL	100 %	5500	5500	1,00	6000	5880	6000

TABLA 8.9. Cálculo método KRISP con cuotas.

Antes de formular la cuota 1 es necesario incorporar la cifra general que antes hemos sacado de emplear una técnica cuadrática o de otra herramienta de estimación. Dicha cifra la ponemos en el total (en el caso de la tabla es 6000). Una vez incorporada, cada zona en función del porcentaje de cuota asignado, le corresponde una cifra. En el ejemplo de la zona A, el 21 % del 6000 es 1260. Seguimos considerando que la zona A debe tener el 21 %, en esta primera fase de alisado, con independencia de lo conseguido, la zona A debe seguir siendo considerada como la zona que debe aportar el 21 % de todos los ingresos de la compañía.

Pasamos a la cuota 2 que corrige la cuota 1 en función del índice de eficacia y funciona bajo la siguiente premisa (aunque está puede ser variable por la empresa).

Si la eficacia es menor de 0,9, entonces multiplicamos la cuota 1 por un índice corrector de 0,9. En el caso de la zona A el resultado es de 1134 que es fruto de multiplicar 1260 por 0,9. Se está aplicando un alisado en función del comportamiento o índice de eficacia mostrado en el ejercicio anterior.

Si la eficacia esta entre 0,9 y 1,00 (excluido), multiplicamos la cuota 1 por 0,95. Es el caso de la zona C. Si la eficacia esta entre 1,00 y 1,09, multiplicamos la cuota 1 por 1, es decir lo dejamos igual al objetivo asignado (caso de la zona B) y si la eficacia está por encima del 1,10, multiplicamos por 1,05 que es lo que le ocurre a la zona D.

Evidentemente lo que estamos haciendo es alisar o decrementar los objetivos en términos de valores absolutos a aquellas zonas que tienen un índice de eficacia inferior a 1,00 (100 % de índice de eficacia), dejar igual a aquellas cuya eficacia está en torno del 100 % y 109 % e incrementar el objetivo a aquellas zonas cuya eficacia se encuentra por encima del 1,10 (110 % de eficacia). El porqué es sencillo, debemos adoptar nuestra nueva estrategia en función del comportamiento obtenido. Dicho comportamiento puede ser fruto de una mala gestión de una zona, de la incorporación de nuevos clientes en otras, del cierre de alguna tienda o del decremento de la red comercial en una zona determinada... Si utilizando el sentido común, vemos que todos los comportamientos aluden a razones lógicas, no debemos modificar la cuota 2. Por supuesto que podemos modificar los índices correctores si así lo consideramos, pero lo que realmente importa y es determinante a la hora de utilizar este proceso es analizar y supervisar el PAR y la eficacia, ya que con independencia de conseguir o no el objetivo, el compromiso porcentual adquirido debe cumplirse. De hecho, yo, como vendedor, puedo o no puedo llegar a mi objetivo, pero si mi eficacia está por encima del 100 %, mi trabajo y mi responsabilidad estarán más que demostradas. El buen vendedor es el que vende, por tanto, con mejor eficacia y por supuesto lo que hablamos en el capítulo del SRV, con calidad. Eficacia y calidad.

Terminamos el método con la cuota 3. Si nos fijamos, al alisar se puede llegar a destapar una distorsión sobre el objetivo general. En la tabla y dentro de la cuota 2, el total no corresponde al objetivo de la empresa que una vez más hemos estimado con otra técnica. No podemos considerar que debemos dejar el objetivo tal cual. La cuota 3 en este caso no alisa, sino que corrige la cuota 2. Para ello calcula la diferencia entre el total de la cuota 1 (que es el objetivo al que nos tenemos que ceñir) y el total de la cuota 2 que ha provocado una dispersión resultando una cifra por debajo del objetivo. Dicha diferencia la volvemos a repartir en función de las cuotas objetivas porcentuales. De esta manera la zona 1 quedaría: la diferencia entre el objetivo total asignado y el total de la cuota 2 es 6000 menos 5880 es de 120. El 21 % de esta cifra (que es la cuota objetivada del ejercicio anterior a la zona A) sobre 120 es de 25,2 que sumada a la cuota 2, nos da un resultado de 1159,2. Esta será la cuota 3 y la cifra definitiva de la zona A. La cuota 3 ha recuperado de nuevo el objetivo general repartiendo el sobrante alisado de la cuota 2.

	Zona A	Zona B	Zona C	Zona D
Cuota Obj. 2017	21 %	23 %	27 %	29 %
Cuota Obj. 2018	19,32 %	23,46 %	26,19 %	31,03 %

TABLA 8.10. Cuotas objetivadas vs. año anterior.

Las participaciones o cuotas porcentuales de venta han variado por todo lo comentado quedando de la siguiente manera:

Así obtenemos un reparto más justo y claro en función tal como comentamos de lo acontecido en el ejercicio anterior.

Con honestidad, a mí como vendedor siempre me interesó la participación objetivada o lo que llamamos cuota objetivada. Con independencia de los resultados esta cifra representaba mi esfuerzo y compromiso. ¿Que la empresa crecía en los resultados?, mi participación como mínimo debía ser la objetivada. ¿Que por el contrario la empresa no alcanzaba sus objetivos?, mi cuota objetivada tendría de la misma manera que permanecer al menos en el porcentaje de participación objetivado.

El método Krisp es un método empleado que muestra claridad y comprensión en su proceso de cálculo, sobre todo porque también estamos añadiendo o incorporando una responsabilidad que muchas veces no dejamos clara en la fuerza de ventas y es su nivel de eficacia frente a los objetivos de la compañía. Naturalmente si nadie llega a objetivos pero hay buena eficacia, el problema no tenemos por qué tenerlo en la red de ventas y eso es una cuestión ciertamente delicada, ya que lo normal es achacar los malos resultados al personal de venta. Esta cuestión deberíamos de analizarla para buscar soluciones alternativas que no sean las mismas de siempre. Estimar o prever como hemos visto no es tarea complicada, más si tenemos en cuenta que muchas de las que hemos visto se pueden formular de una manera sencilla. Si consideramos por lo expuesto que los alisados exponenciales, las técnicas cuadráticas y el método Krisp forman la alineación principal para proyectar objetivos a más largo plazo, tendríamos una de las tareas más delicadas de una dirección comercial realizada. Es importante estar al corriente de las nuevas técnicas y métodos de previsión que cada año salen al mercado e incorporar aquellas que estén acordes con nuestra estrategia. Estas que hemos visto son solo un pequeño elenco de un sinfín de ellas. Lo determinante es trabajar los objetivos con técnica y talento, su equipo o fuerza de ventas lo agradecerán.

Conclusiones

ALGO MÁS PARA CONCLUIR

Hemos estado viendo diferentes cuestiones todas ellas entrelazadas para una buena eficiencia en la dirección comercial. Liderar equipos no es solo una cuestión de destrezas y habilidades, sino de técnica y un conocimiento analítico. Utilizar métodos y herramientas que nos faciliten la gestión es una manera que nos ayuda a la difícil pero necesaria toma de decisiones. En este libro se representan algunos de ellos, métodos que con el tiempo he ido incorporando en mi día a día y que a través de poder ponerlos en práctica he comprobado su magnifico resultado.

Si estás en una posición o cargo que forma parte de una dirección comercial el conocerlos siempre hará que sumes y nunca restes. Si ya conoces algunos, perfecto, pero con el simple hecho de que no conozcas alguno de ellos, habrá merecido la pena la lectura de este libro. Colaborar en empresas como consultor, formar parte de otras como responsable comercial, leer y asistir a conferencias destinadas a este extraordinario mundo, me ha acercado a tener una biblioteca de herramientas que mediante este libro pongo a vuestra disposición, aunque aun hay más en el cajón y por supuesto otras que vendrán.

No es tan sencillo liderar equipos, se ha hablado detalladamente de lo complejo que es hablar en el idioma de todos y también de la manera en que tenemos que gestionar aspectos tan delicados como un SRV u objetivos. Podríamos haber hablado de otros aspectos también determinantes como cuadros de mando integral (CdM), informes de seguimiento, estructuras alineadas con el departamento, encuestas 360°, clima, etc., pero en este caso hemos ido directamente a las cuestiones que desde mi experiencia son las más determinantes y vitales para mantener el pulso de una dirección comercial. Cuestiones que singularmente he podido comprobar que no se gestionan desde la dificultad sino desde la comodidad de un cargo.

Una persona que lidera tiene que tener su marca personal y está la consigue a través de métodos y herramientas de este tipo. Le exclusiviza y le diferencia del resto y con ello consigue estar más cerca de los objetivos y del propio éxito.

Vamos a preguntarnos unas cuestiones: ¿cuántos o cuántas, utilizamos métodos empíricos para proyectar objetivos? Hablamos de herramientas con cierta rigurosidad como si de un cirujano se tratase. Métodos que nos acerquen a un detalle muy riguroso de un resultado. ¿Cuántos o cuántas utilizamos herramientas de precisión para realizar un SRV? ¿Cuántos reflejamos y pintamos con total exactitud de la necesidad los perfiles de las personas que deben formar parte de nuestros equipos? ¿Cuántos o cuántas tenemos métodos para desarrollar y afianzar a nuestro equipo comercial? ¿Cuántos o cuántas tenemos un Sistema integrado en donde tanto el comportamiento que queremos y deseamos, como los objetivos, como el Sistema de retribución variable es solo un asunto y no 3 que viajan por caminos diferentes?

Si queremos ser o formar parte de una dirección comercial, tenemos que tener un fondo de negocio extraordinario y eso no es difícil de conseguir si en lo que pensamos es en nuestro desarrollo continuo. No nos acomodemos en un nuestro círculo de poder sin considerar que podemos cambiar el statu quo de todas las personas que nos rodean. Cada vez que tomamos una decisión, estamos variando el rumbo de una compañía o de un grupo de personas. ¿No merece la pena tenerlo en cuenta?

Únicamente considerando esta cuestión, es fácil conseguirlo. Estar al frente de responsabilidades tan delicadas como las cuestionadas, hace que una dirección comercial sea relevante e imprescindible, pero con el único fin u objetivo de integrar y trabajar en equipo. No olvidemos que un buen equipo tiene la fuerza de 1000 caballos y esto es indestructible. No busquemos a los mejores, encontremos a los mas adecuados. Contratemos por Talento, la Técnica es más fácil de desarrollar. Hagamos que los entornos en donde trabajamos sean gratificantes, que las personas se puedan expresar con total libertad, que se pueda discutir desde la cordialidad, no generemos conflictos, aprendamos a gestionarlos. No nos enfoquemos tanto en el resultado sino en la calidad de este, son dos cuestiones diferentes con la diferencia de la que segunda aporta mucho más que la primera, incluso en términos económicos.

Seamos flexibles y muy transparentes, cualquier persona de una compañía es importante para la consecución de lo que deseemos y ante todo recordemos que no existen pelotones flojos sino malos líderes.

Espero y deseo que este manual, más que libro sea de ayuda y oriente y acompañe a todas aquellas personas que siempre buscan algo más.

Un fuerte abrazo.

www.ingramcontent.com/pod-product-compliance
Lightning Source LLC
Chambersburg PA
CBHW052348220526
45465CB00003BA/1018